世界を震撼させた女毒殺者たち［下］

カトリーヌ・ド・メディシスから武則天まで

The League of Lady Poisoners: Illustrated True Stories of Dangerous Women

リサ・ペリン ✣ Lisa Perrin［著］

渡邉ユカリ ✣ Yukari Watanabe［訳］

原書房

私の最初の本が
素敵な絵本になることを
願っていた両親に捧ぐ

世界を震撼させた
女毒殺者たち
下
カトリーヌ・ド・
メディシスから
武則天まで
The League of
Lady Poisoners

[目次]

上巻目次

MONEY
POISONS YOU
WHEN YOU'VE GOT IT
&
STARVES YOU
WHEN YOU HAVEN'T.
-D.H. LAWRENCE

第3章——金と欲

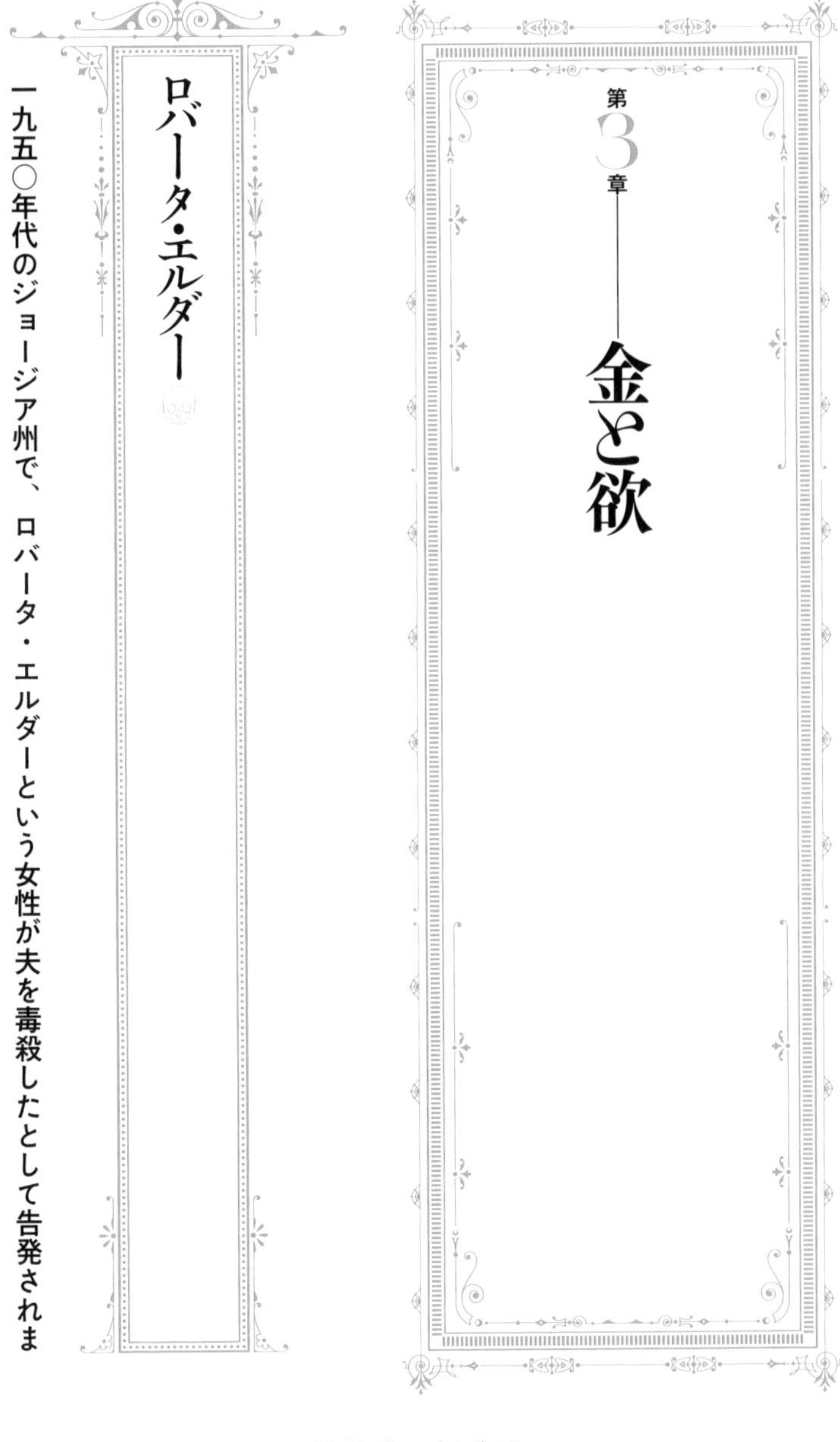

ロバータ・エルダー

一九五〇年代のジョージア州で、ロバータ・エルダーという女性が夫を毒殺したとして告発されま

Roberta Elder
IN THE 1950S IN GEORGIA A WOMAN WAS ACCUSED OF POISONING HER HUSBAND, AS WELL AS POTENTIALLY THIRTEEN OTHER PEOPLE. ROBERTA ELDER HAD TAKEN OUT LIFE INSURANCE POLICIES ON EVERY SINGLE ONE OF THEM. IN COURT IT WAS ARGUED SHE ADDED A STRANGE "PINK POWDER" INTO MEDICINE SHE GAVE TO THE SICK. SHE WAS CONVICTED AND SENTENCED TO SPEND LIFE IN PRISON.

した。また彼女が、夫以外にも一三人に対して生命保険をかけていた可能性があることもわかりました。裁判でエルダーは、病気の夫に飲ませた薬の中に妙な「ピンク色の粉」を混ぜていたという証言もあり、エルダーは有罪となり、終身刑を言い渡されました。

女性が殺人、特に連続毒殺容疑で告発されると、メディアの注目の的となりがちであり、大衆の好奇心を満たすために、新聞は事件に関してありとあらゆる情報を大げさに書き立てることがあります。犯罪者が有名人のように取り上げられるのは、道義的にはグレーゾーンだと言えます。しかし、報道において何が焦点となっているか、人々の記憶にどれだけ残る話になっているかに注目すると、ある「格差」が浮き彫りになってきます。言い換えれば、社会に根深く存在している暗黙の偏見のようなもの。裕福な白人の物語が主要なニュースとなる一方で、マイノリティのバックグラウンドを持つ人々の物語は脇に追いやられます。こうした格差を如実に反映しているのが、ロバータ・エルダーの存在と言えるでしょう。彼女のストーリーは大衆の興味をかき立てる要素が満載ですが、世間的にはあまり知られていません。

ロバータは、ジョージア州アトランタの中年の黒人女性で、一九五〇年代半ばに複数の家族を毒殺した疑いで告発されました。彼女の生涯に関する情報源は、事件の取り調べと裁判の際の新聞記事しかありませんでした。白人向けの主流の新聞は彼女の事件を取り上げませんでしたが、ピッツバーグ・クーリエ、アトランタ・デイリー・ワールド、シカゴ・ディフェンダーといったアフリカ系アメリカ人の全国紙は彼女の事件を報じていました。

ロバータに関する報道が始まったのは、彼女の夫であり、バプティスト派の牧師でかつパートタイムの大工でもあったウィリアム・M・エルダー牧師の突然の訃報です。二人は一九五〇年に結婚し、それまでのお互いの交際相手との間にできた子どもたちとともに家庭を築いていました。二人が結婚してからわずか二年後、エルダー牧師は建設現場での作業中、家から持ってきた「バナナとチーズ」という何の変哲もない軽食を食べた後に体調を崩しました。

ピッツバーグ・クーリエは、ウィリアム・A・フォークスによって書かれた*Atlanta's 'Mrs. Bluebeard': The Strange Case of Roberta Elder!*(アトランタの「青ひげ夫人」――ロバータ・エルダーの奇妙な事件！)という四部構成のシリーズ記事を掲載しました。その記事には、エルダー牧師の同僚の作業者の一人が彼の見舞いに訪れ、「いやあ、バナナとチーズが体に悪いとは思わなかった」とコメントしたと書かれています。

もし本書から何かを学ぶことがあるとしたら、「どんなものでも毒になり得るし、バナナもその例外ではない」ということです。ただし、バナナで死ぬのが容易というわけではありません。BBCの取材に応じたロンドンのセントジョージ病院の栄養士、キャサリン・コリンズによれば、「心臓の鼓動が止まるほどのカリウム濃度になるには、おそらく一日四〇〇本程度のバナナを摂取する必要があるでしょう」ということです。（後略）そのバナナに意図的に毒が混入されていたのなら話は別ですが。

エルダー牧師は一九五二年八月に亡くなりましたが、家庭医は死亡診断書に署名する前にしばらく考え込みました。普通とは違ういくつかの症状に気づいたせいです。牧師の皮膚に「異変があり」、剝がれ始めたように見え、体表にも炎症がありました。医師はこれと同じ症状を以前にも見たことがあると気づきました。前年に亡くなった牧師の九歳の娘、アニー・パール・エルダーと、その姉で、エルダーが亡くなってから数か月も経たないうちにわずか一五歳で亡くなったファニー・メイ・エルダーの遺体にも同じ症状があったのを思い出したのです。当時、医師は二人の娘の死因を肺炎と診断しましたが、今回またしても同じ皮膚の異変を見て考えを変え、診断を変えようと思い立ちます。医師はその疑念を検視官に持ちかけました。

検視官は死因調査を命じ、その結果、エルダー牧師の体内からおよそ一九五ミリグラムのヒ素が検出されました。フォークスによれば、「その後の裁判所の命令により、エルダー夫人が作ったとされる孤独な『死の庭』から、エルダー牧師の幼い子ども二人の遺体が掘り起こされた」ということです。また、姉妹の髪の毛や組織からもヒ素が検出されました。ロバータ・エルダーは三件の殺人事件で告発されましたが、裁判にかけられたのは夫の事件のみでした。その後、三人の家族全員に生命保険がかけられており、ロベルタが唯一の受取人として指定されていたことが明らかになっています。

J・E・ヘルムズ刑事は、一九三八年から始まったと思われる、ロバータが関与した一連の不審死事件を摘発しました。ピッツバーグ・クーリエ紙に掲載された四部構成の記事によると、「生後二週間の乳児から九三歳の老人まで、計一三人が犠牲になった可能性がある。ほとんどが肺炎、尿毒症、あるいは『食中毒』で亡くなっていた。被害者の多くに五〇ドルから五〇〇ドルの生命保険がかけられており、その多くは保険に加入してから一年以内またはそれをわずかに超える程度の期間後に死亡した」とされています。別の記事によれば、およそ一四年間に一一人から一七人の犠牲者が出た可能性があるとされています。これが事実ならば、ロバータ・エルダーはこれまでに聞いたこともないほどの犠牲者を出した連続毒殺犯の一人と言えるかもしれません。

ヒ素の検査が行われたのは先に挙げた三人の遺体だけでしたが、ロバータが関与した他の多くの不審死には驚くべき共通点がありました。不審死した被害者は全員、ロバータと同居していた人たちで、生命保険金の受取人もロバータになっていました。ピッツバーグ・クーリエ紙が発表したリストによると、不審死した人たちの中には、一九三八年に三六歳で亡くなった最初の内縁の夫ジョン・ウッドワード、一九三九年に亡くなった一三歳の息子ジェームズ・W・サーモンド、二歳の孫ジミー・リー・クレイン・ハンター、一歳のジェームズ・ガーフィールド・クレイン、三歳のグロリア・エヴァンス（皆一九四一年から一九四四年の間に死亡）、さらに生後数週間の乳児二人、ウィリー・メイ・サーモンドとリリー・ルー・サーモンド、ロバータの母コリー・ブラウン、そして九三歳のノラ・スコット・ハリスなどが含まれていました。ロバータと同じ屋根の下で生活すること自体が危険なことだったようです。

取り調べでも裁判でも、彼女は冷たく無表情だったと言われています。前述の記者のフォークスは「エルダー夫人は追い詰められた小動物のように無気力な様子で、副保安官らから退廷を促された際もただ肩をすくめただけだった」と描写しています。ロバータは、亡くなったエルダー家の三人全員に同じマグネシア乳［緩下剤・制酸剤］の瓶に入った薬を飲ませたという説が浮上しています。エルダー家にあったその瓶を持ち帰り検査したところ、ヒ素が含まれていることが証明されました。このような瓶に入れて毒を薬に見せかけるとは、極めて悪質な手口です。家族たちはヒ素入りの食事を与えられて病気になり、さらに病気が悪化するだけの「薬」で「治療」されたというわけです。こうしてロバータは献身的に看病にあたる思いやりある母親役を演じることができたのでした。

エルダー牧師の生き残った子どもたちのうちの二人が、継母の裁判で証言台に立ちました。ドロシー・エルダーは、犠牲となった他の家族と同じような症状で体調を崩したことがあり、ロバータから与えられたマグネシア乳を飲んだ後、「症状がさらに悪化した」と証言。ウィリー・エルダー・ジュニアも、父の死後はその家で食事をするのを止めたと明かしています。一九五三年のアトランタ・デイリー・ワールド紙が報じたところによると、ウィリー・エルダー・ジュニアは「父たちに毒を盛ったのだとしたら、自分のことも殺そうとするかもしれないと思った」と語ったそうです。

　ロバータはヒ素のことなど何も知らない、ヒ素がどんな見た目なのかも知らないと断言しました。しかし義理の娘のドロシーは、家の中で茶色の紙袋に入ったピンク色の薬のようなものを見たと証言しています。これに対し、ロバータは「それは植物についた害虫を駆除するための農薬だ」と釈明しましたが、検察はロバータがその農薬を薬の瓶に入れたのではないかと指摘。また、検察はそのピンク色のヒ素混合物を、義兄の農場から入手した可能性があると主張しました。それでもロバータは、その件に関してもまったく関係がないと、一貫して主張し続けました。

　ロバータ・エルダーは地元の親善団体「ジェリコのヒロインズ」の会計係を務めていたのですが、そこでお金が紛失するという事件が起こり、彼女は責任を追及され、行方不明になった資金を返済するよう圧力をかけられます。検察はこの金銭トラブルが殺人の動機になった可能性があると考えました。ロバータに不利な証拠はすべて状況証拠でしたが、（白人ばかりの）陪審員はロバータに夫殺しの有罪判決を下し、終身刑を言い渡したのです。

有罪判決が出た後、ロバータに関する新聞報道はピタリと止まりました。関係者にかけていた生命保険はそれほど多額ではなかったため、特に疑われることはなかったようです。ヒ素中毒は通常、胃腸の疾患と結びつけて考えられがちですが、実際には呼吸器系を含む全身に影響を及ぼす可能性があり、症状が肺炎と間違えられることもあります。もし家庭医の介入がなかったら、エルダー家の二人の子どもたちが証言する機会もなかったでしょう。それがロバータの当初からの計画だったのかもしれません。

「アトランタの青ひげ夫人」と呼ばれたロバータは、極めて恐ろしく残酷な犯罪の嫌疑をかけられながらも、有名な女性毒殺犯のリストからはしばしば外されます。黒人女性が連続殺人犯として物語の主役になるのは珍しいことなのです。不穏なリストに名を連ねることなど誰も望まないでしょうが、世間では白人の犯罪者と白人の被害者の物語だけにスポットが当てられることが多く、他にも多くの見過ごされた物語が存在することに目を向けるべきです。語られないからといって、事件が起きていないという意味ではないのですから。

アンナ・マリー・ハーン

アンナ・マリー・ハーンは賭け事が好きな女性でした。大勝ちの瞬間に得られる高揚感に心を奪われてしまっていました。しかし、勝てば勝つほど、さらに勝つことへの渇望は募るばかり。欲望とはキリがないものなのです。お金がいくらあっても、どれだけの富を手にしても決して満足することはありませんでした。この果てしない欲望により、アンナ・マリーは人生でさまざまな顔を持つことになります。ギャンブラーとして、「看護師」として、泥棒として、母として、そして殺人者としての顔です。アンナ・マリーにとって最も大きな賭けは、自分は決して捕まらないという自信でした。

一九〇六年、ドイツのバイエルン州に一二人きょうだいの末っ子として誕生したアンナ・マリーは、尊敬を集めるカトリック教徒の大家族のもとで育ちました。それだけに、一九歳のときに未婚のまま妊娠したことで、彼女は地元でスキャンダルの的となります。一九二五年五月に生まれた息子オスカーに関して、アンナ・マリーは「息子の父親はウィーンの著名な癌専門医で、自分はその父親に捨てられたのだ」と話していましたが、その話を信じる人は誰もいませんでした。故郷での居場所を失った彼女は、母親のすすめにより新天地アメリカへと旅立つ決断をします。

アンナ・マリーはアメリカのオハイオ州シンシナティに住む叔父に手紙を書き、自分の苦境には一切触れず、仕事を探しているとだけ伝えました。叔父は彼女に航海費用を貸し、到着したら家に迎え入れることに同意しました。息子は当面の間、ドイツにいる彼女の両親に預けることになり、そうして二三歳のアンナ・マリーは自分を非難する人たちばかりの故郷、バイエルンに別れを告げ、アメリカのオハイオで新しい生活のスタートを切ったのです。

決して稼ぎのいい仕事についていたわけではなかったのに、どういうわけかアンナ・マリーは身の丈をはるかに超えた豪華な装飾品で部屋をいっぱいにしていました。そのような行動に家族も当惑し、叔父への借金返済が困難になったことから、アンナ・マリーは叔父の怒りまで買ってしまいました。そんなときにギャンブルに出会ったのです。競馬で賭けに勝ってからというもの、ギャンブルの虜になってしまいました。このギャンブル中毒のせいで、その後何年にもわたり、あらゆる誤った選択を重ねていく

ことになります。

アンナ・マリーは若くて美しい金髪の詐欺師でした。医療の知識がないのに、訓練を受けた看護師であると偽っていました。またシンシナティの男たちが彼女に気に入られたがっているのをいいことに、彼らと結婚の約束をし、手料理をふるまい、愛情をふりまいていました。その一方で金を無心し贈り物を求めていましたが、男たちは喜んで与えていました。彼女は近しい親族のいない孤独な年配の男性ばかりを慎重に選んでいたのです。

最初のターゲットは「チャーリーおじさん」こと七一歳の寡夫、カール・オズワルドでした。アンナ・マリーは自分が身の回りの世話をする看護師であると納得させ、オズワルドの自宅の上の階に引っ越しました。「チャーリーおじさん」からは最後の一ペニーまでむしり取りましたが、年齢差が五〇歳近くもあるにもかかわらず結婚の約束をしていました。彼は有頂天になりましたが、結婚の話はまったくの嘘でした。

一方、ドイツ人の集まりでダンスを踊っていたアンナ・マリーは、ウエスタンユニオン社の電信技師フィリップ・ハーンと出会います。二人は一九三〇年に結婚し、その後オスカーを連れ戻すためにドイツのバイエルンへ渡りました。しかし二人の結婚は当初からうまく行っていませんでした。フィリップはなかなか妻と顔を合わせることができず、妻はたびたび高齢男性をたぶらかしてはお金を引き出し、それをギャンブルで浪費していたのです。二人は家を購入したものの後に失い、ベーカリーやデリカテッセンを開業するもこれまた失敗に終わりました。ただ、当時は世界恐慌の真っただ中でしたから、無理もないことかもしれません。フィリップは奇妙な病気を患った後、妻に対する警戒心を強め、二人の関係はこじれて別居状態にまで悪化しましたが、裁判では妻の味方をしていたという情報もあります。

カール・オズワルドは自分の婚約者が結婚して息子までいることを知ると、信頼していたのに裏切られたとしてアンナ・マリーを相手取り訴訟を起こしました。しかし、詐欺師アンナ・マリーは巧みな言葉でオズワルドを説得し、彼を騙し続け、一九三五年にオズワルドが亡くなると、彼の死亡保険金の唯一の受取人として一〇〇〇ドルを手に入れました。「チャーリーおじさん」からもらったお金は他にはありませんでした。つまりは、彼の持っていたものすべてを奪い取ったのです。

次に狙いを付けたのは美しい家を持つ六二歳のエルンスト・ケーラーでした。喉頭癌に苦しんでいたため、アンナ・マリーは自分が看護をすると申し出て近づきます。ケーラーが亡くなったとき、皆ががんによるものと信じ込んでいました。しかし亡くなる約二週間前、都合の良いことにエルンストは遺言書を書き直しており、家、車、貯金などのすべての財産を、愛する看護師のアンナ・マリーに遺すとしていたのです。

アンナ・マリーは莫大な財産を手にした後、今度はジョージ・ハイスに近づき、彼から石炭を買い入れ、ハイスから少額の借金を繰り返し、最終的にその額は二〇〇〇ドルにまで膨れ上がりました。

ハイスは彼女に貸していたお金の大半を自分が働いていた「コンソリデーテッド・コール・カンパニー」から借り入れていたため、金銭的に窮地に陥りました。ハイスと会社の与信管理者であるクラレンス・オズボーンがその金の返済を求めたところ、アンナ・マリーは返済のために別の高齢男性から借金をするようになります。その頃から、アンナに出された食事を食べた後にハイスは体調を崩すことが増え、歩くのも困難になるほどまでに悪化しました。アンナ・マリーのことを不審に思い、恐ろしくなったジョージは彼女を家から追い出しました。

ダイアナ・フランクリンの著書*The Good-Bye Door: The Incredible True Story of America's First Female Serial Killer to Die in the Chair*（さよならの扉――アメリカ初の女性連続殺人犯が電気椅子で死ぬまでの信じられないような本当の話）によると、一九三七年一〇月一一日の国際ニュースサービスの記事は次のように記しています。「ハイスとオズボーンがアンナ・マリーに対し、貸した金の返済を要求したことが犯罪史上最も恐ろしい計画的な毒殺事件の発端となった」。次に彼女は、七二歳のアルバート・パーマーに看護師として接近し、恋人になったのです。

アンナ・マリーはパーマーからハイスへの返済資金として一〇〇〇ドルを得たものの、そのお金の一部を賭け事に使う誘惑に抗えず、パーマーに咎められました。金を返せ、さもなければ自分だけの恋人になれと迫られましたが、アンナ・マリーにはどちらも受け入れる気はありません。パーマーから「法的措置」に訴えると脅された彼女は「致死的措置」で応じ、結局パーマーは七二歳で、一文無しになって亡くなりました。

　アンナ・マリーが次に思いついた巧妙なアイデアは、七八歳のジェイコブ・ワグナーに、彼女が祖国で永らく行方不明になっていた姪であると信じ込ませることでした。無作為にドアをノックし、近くに高齢の男性が住んでいないかと人々に尋ね歩く作戦がうまくいき、ワグナーはすっかり騙されてしまったのです。アンナ・マリーはワグナーの通帳を「借り」、警察を呼ぶと言われたときにだけ返しました。やがてワグナーはひどい嘔吐と下痢を伴う重い病となり、アンナ・マリーは二人の医師から病院に連れて行くよう強く勧められました。結局、彼女がやってきてからわずか二週間後に、ワグナーは苦しみながら亡くなることになったのです。

　次に命を落としたのは、アンナ・マリーが出した、毒入り肉とグレイビーソースを食べた六七歳のジョージ・グセルマンでした。裁判では、キッチンのコンロ上に置かれていた鍋が調べられ、二十数人を殺せるだけの、約一一七〇ミリグラムもの三酸化ヒ素が含まれていることが判明しました。しかしこれは彼女の犯罪行為の中でも比較的小さな事件に過ぎませんでした。実際、次に企てた詐欺は、これまでで最も巧妙で計画的なものだったのです。

　アンナ・マリーは六七歳の靴職人、ゲオルク・オベンドゥアーファーに将来結婚すると約束し、コロラドスプリングスへ旅行に行こうと誘いました。ゲオルクは喜んで、アンナ・マリーとその息子と一緒に旅に出ることを承諾しました。しかし夕食後、彼はひどく体調を崩し、苦しみながら列車に乗り込んだのです。旅の途中で宿泊したホテルではスタッフ全員が、若い女性と子どもに付き添われた高齢男性がひどく具合が悪そうにしていることに気づきました。しかも彼らが宿泊する部屋からは悪臭がし、やがて他の宿泊客らもその部屋を避けるようになりました。アンナ・マリーはホテルのスタッフから苦情を受けると、何度も宿泊先を変更しました。

結局、ゲオルクは目的地に到着することなく亡くなりました。あろうことか、アンナ・マリーは病院に彼を連れて行き、知らない病人だと言って息子オスカーを連れてその場を立ち去ったのです。そのうえシンシナティへ戻る前に、コロラドスプリングスのホテルで目を付けていた二つのダイヤモンドの指輪を盗み、質屋に売り払いました。ただ、ダイヤの魅力に抗えなかったことが仇となりました。オハイオに戻ったとき、警察が窃盗の容疑で逮捕令状を持って待ち構えていました。逮捕容疑は連続殺人ではなく、宝石の窃盗でした。

彼女のコロラド滞在中に、オハイオ州の警察はジェイコブ・ワグナーの遺体を掘り返していました。検視の結果、体内から通常の致死量をはるかに超える約五二〇ミリグラムのヒ素が検出されました（六〇から一八〇ミリグラムで充分死に至ります）。殺人事件の捜査が開始され、捜査員たちはほどなくして、その宝石泥棒が高齢男性の介護人を装った女性による連続殺人事件と関連があることを突き止めました。アンナ・マリーは逮捕され、瞬く間にメディアの注目を集める存在となったのです。

アンナ・マリーは取り調べの間も裁判でも一貫して無実を主張しました。誰かの食べ物に毒を入れたことはないかと尋ねられると、「私がそんなことをする女性に見えますか?」と聞き返していたといいます。「親切にしていただけなのに、トラブルに巻き込まれたのはこちらのほうです」と主張していました(口にするものにヒ素を混ぜるのが「親切にしていた」ことになるはずがありません)。

彼女はその天使のような外見と幼い息子を利用して、残酷な犯罪で不当に告発されたというイメージを演出し、上品でかよわい女性であるかのように見せかけました。裁判にかけられたのはジェイコブ・ワグナーの毒殺だけでしたが、他の亡くなった男性たちとの関連も裁判の過程で明らかになりました。

毒物の影響で車椅子での生活を余儀なくされたジョージ・ハイスは、アンナ・マリーの「生き残った被害者」として証言台に立ちました。検察官は最終陳述で彼女の有罪を力強くかつ確信を持って、次のように訴えました。「この法廷の四隅には四人の故人がいます。ジェイコブ・ワグナー！ジョージ・グセルマン！　ゲオルク・オベンドゥアーファー！　アルバート・パーマー！　この部屋の四隅から、骨だけになった指が彼女を指さし、皆さんに訴えています。『あの女が私に毒を盛った！　あの女が私の最期の瞬間を苦悶で満たした！　あの女が私に地獄の苦しみを与えた！』と。この部屋の四隅から、故人たちが皆さんに訴えかけています。『どうか皆さんの義務を果たしてください』と！」

陪審員は一切の情状酌量の余地なく有罪判決を下しました。逮捕されたときに押収され、証拠として提出された彼女の財布の中に大量のヒ素が見つかった事実が、特に裁判の結果に影響しました。アンナ・マリーは自分に起きた運命を信じられない様子で、最後まで救いの手が差し伸べられることを期待していましたが、減刑されることは決してありませんでした。地元の人々に「オールド・スパーキー」と呼ばれる電気椅子に向かう途中で、アンナ・マリーは泣き崩れ、激しく抵抗し、助けを求めたと言われています。刑務所の元看守のジョシー・オブレネスはこう振り返っています。

「最後の二四時間で、アンナ・ハーンはこれまで見せていた冷静さや自信、誇り、虚栄心さえをも失い、悪魔のような目をした本当の自分、すなわち魔女や悪魔のような存在に変わりました。逃れる術がないとわかったとき、本性を現したのです」。

アンナ・マリーは一九三八年一二月七日に処刑され、オハイオ州で電気椅子による死刑が執行された初の女性となりました。死後、自筆の手記が公表され、新聞に掲載されました。告白の中で最終的に毒殺を認めつつも、「毒殺を命じたのは自分とは別の人格でした。私ではありません。自分の人生を振り返ってみても、どうやってあんなことを実行に移したのか、まったくわかりません」と主張。最後の最後までアンナ・マリーは自らの所業に対する責任を一切認めませんでした。彼女は魅力的な容姿と小さな息子を使って人々を騙し、男たちから金品すべてを奪い取っていたのです。

エイミー・アーチャー＝ギリガン

エイミー・アーチャーは夫と共にコネチカット州に住宅を購入し、そこで介護が必要な高齢者たちを収容し、世話の見返りに報酬を得ていました。彼女の二人の夫は不可解な状況で命を落としました。同様に、その家で亡くなった入居者たちの多くも。遺体を掘り返して検査すると毒物が検出され、エイミー・アーチャーは一九一七年に殺人罪で有罪判決を受けました。

弱い立場の高齢者を利用したのはアンナ・マリー・ハーンだけではありません。アメリカ疾病予防管理センター（CDC）によれば、二〇一六年にはアメリカ全体で介護施設は約一万五六〇〇棟となっていますが、二十世紀初頭の時点では「引退後の人々や高齢者向けの施設」というのは新しい概念でした。当時は家族が高齢の家族の面倒を見るのが一般的であり、他の選択肢としては貧困者用の施設に

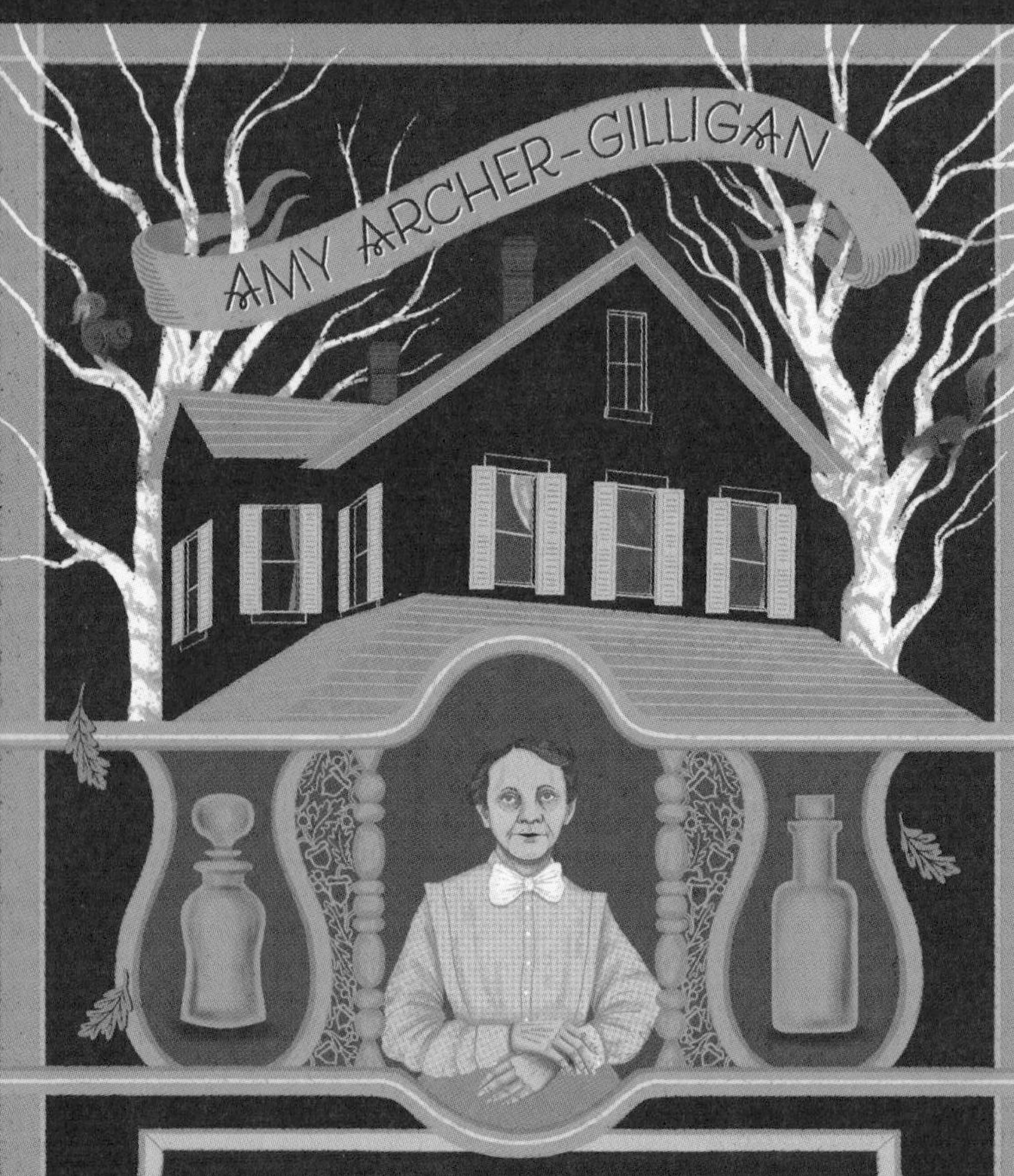

AMY ARCHER AND HER HUSBAND BOUGHT A HOME IN CONNECTICUT WHERE THEY HOUSED ELDERLY AND INFIRMED INMATES WHO PAID THEM FOR CARE. BOTH OF HER HUSBANDS DIED UNDER MYSTERIOUS CIRCUMSTANCES, AS DID A GREAT NUMBER OF THE INMATES IN THE HOME. THEIR EXHUMED BODIES CONTAINED POISON AND AMY ARCHER-GILLIGAN WAS FOUND GUILTY OF MURDER IN 1917.

送るしかありませんでした。

エイミー・アーチャー＝ギリガンは、孤独で見捨てられた高齢者の存在を絶好の商売の好機と捉えました。彼女のお金を生む殺人計画は、熱心な新聞記者、献身的なきょうだい、注意深い警察官、さらにはヒ素中毒の明らかな兆候がなければ、見逃されていたかもしれません。

エイミーの幼少期についてはほとんど知られていませんが、一八六八年一〇月にコネチカット州ミルトンで生まれたとされています。ハロウィンの日に生まれたという話もあります――なんとも不気味な話ですね！　一八九七年、エイミーは最初の夫ジェームズ・アーチャーと結婚し、メアリーという名前の一人娘をもうけました。一九〇一年にはコネチカット州ニューイングトンで、裕福な高齢者ジョン・シーモアに介護人として雇われ、メアリーの夫もシーモアの広大な敷地で家の手伝いをする見返りとして、家賃無料で住まわせてもらっていました。アンナ・マリーと同様に、エイミーはシーモアを騙し、訓練を受けた看護師だと偽っていました。

このとき、アーチャー夫妻はシーモアの家で高齢者向けの施設を経営するという革新的な事業のアイデアを思いつきます。資格がまったくないにもかかわらず、それが問題だとは少しも思わなかったようです。

当時の高齢者介護は無法地帯であり、シニアの介護を規制する法律はまだ存在しませんでした。エイミーとジェームズはシーモアの家が売却されるまでそこで高齢者の世話を続け、野心的な二人は自分たちの施設を購入し運営することを決意しました。彼らはコネチカット州ウィンザーのプロスペクト通りにある立派なレンガ造りの家に落ち着きました。ちなみにその家は今日まで残っています。夫妻はそれを「高齢者と貧困者のためのアーチャーホーム」と名付けましたが、わずか数年で、この施設は「殺人工場」として新聞の見出しを飾ることになったのです。

アーチャー夫妻は約二十人の「入居者」を確保することができ、彼らに独特の支払い方法を提示していました。入居希望者は週七ドルを支払うか、あるいは「終身介護プラン」として前払いで一〇〇〇ドルの一括払いを選択できました。終身介護プランは、生きている限りずっと住居、食事、介護を保証するという内容で、健康状態がまずまずであれば、これは素晴らしい取引に思えました。一括で一〇〇〇ドルを支払う余裕がなければ、エイミーは喜んで彼らの年金やその他の財産、さらには書き換えた遺言や生命保険での支払いも受け付けました。これらの支払いをまったく選り好みせず受け入れたのです。これで一生面倒を見てもらえると思っていた入居者たちは、その「一生」が実際にはどれほど短いものになるのかを知る由もありませんでした。

エイミーはしばしば、小柄でおばあさんのような人物として描写されますが、本人にとっては残念なことだったに違いありません。なぜならエイミーはそのときまだ三〇代後半だったからです。彼女は町では信心深い女性として振る舞い、脇に聖書を挟んで歩いているところを目撃されていました。そのため「シスター・エイミー」というあだ名をつけられ、地域では高齢者に奉仕する人物として信頼を集めていました。

後にエイミーはハートフォード・クーラント紙に対し、「これはクリスチャンの務めであり、試練です。高齢者が特異な存在で我慢しなければならないこともたくさんあり、本当に大変な仕事だからです」と述べています。実際には高齢者たちが「彼女に対して」我慢しなければならなかったのですが。施設内でエイミーが高齢者を虐待していたとの訴えがあり、これをエイミーが黙らせようとして訴訟になっていたケースもありました。さらに、一九一〇年に夫が突然亡くなったことでエイミーは寡婦となりました。

M・ウィリアム・フェルプスは著書 *The Devil's Rooming House: The True Story of America's Deadliest Female Serial Killer*（悪魔のシェアハウス――アメリカの凶悪女性連続殺人犯の真実の物語）で、エイミーの物語を詳細に描写しています。フェルプスはこの本の中で、もし殺人という出来事がなければ、エイミーは女性起業家として、また、高齢者介護という新規事業の先駆者として、まったく異なる業績を残せたかもしれないと述べています。しかし、そうはなりませんでした。問題は、施設の支払い方法に本質的な欠陥があったことです。入居者が全員「終身介護プラン」を選んだため、お金が入ってきたのは新しい入居者が来たときだけでした。これによって、財政的な面から常に新しいベッドを空けておきたいとエイミーが思うことになってしまい、支払いを済ませた入居者を「始末する」動機を与えました。せっかく一〇〇〇ドルを支払い、入居を申し込みたいという人が現れても、ベッドが空いていなければ元も子もありません。エイミーはベッドを空ける必要があったのです。

フェルプスは、ハートフォード・クーラント紙の熱心なパートタイム記者だったカーラン・ゴスリーを物語の主役だと書いています。ゴスリーはアーチャー家で起きている異様に多い死亡件数に最初に気づき、調査を始めた人物でした。

入居者の中にフランクリン・アンドリュースという男性がいました。後に記者のジョセフ・マクナマラは、「アンドリュースは、他の年配の入居者たちよりも五九歳の自分をまだ比較的若いと思っており、施設の仕事を手伝ったり、雑用をこなしたりすることに喜びを感じていた」と書いています。手伝いを楽しむ一方で、フランクリンは友人や親戚と頻繁に手紙のやり取りをし、この施設の入居者の入れ替わりが激しいことを指摘していました。直接非難することはありませんでしたが、疑念が深まっていることがほのめかされていました。

最初は、高齢者と病人のための施設で入居者が亡くなるのは普通のことのように思えたため、すぐに異変に気づくことはありませんでした。しかしゴスリーは、「アーチャーホームでの死亡率が州内の同種の施設の六倍である」ことを知り、何かがおかしいと気づいたのです。実際その死亡率は大規模な老人ホームよりも高い数字でした。ゴスリーはあることをひらめいたため、地元のドラッグストアで毒物の販売記録を調べました。すると案の定、エイミーがそこで驚愕するほど大量のヒ素を手に入れていたことがわかったのです。しかもエイミーは自分で買いに行くことはせず、入居者たちに毒物を取りに行かせ、その毒を使って彼らの命を奪っていました。

エイミーはその後しばらくして、施設の入居者でたくましく有能な中年男性、マイケル・ギリガンに注目しました。二人は一九一三年に出会ってすぐに結婚しましたが、急展開のロマンスは五七歳のマイケルが結婚後わずか三か月で突然亡くなったことであっけなく終わりを迎えました。ある夜、エイミーは彼に遺言状を書き換えて自分をその執行者にするよう頼みました。するとその翌日に突然、ギリガンは嘔吐と下痢、激しい痛みに苦しみ始めます。それなのに、エイミーはいつも連絡を取っていた医師を手遅れになるまで呼びませんでした。結果的に、医師は死因を急性の消化不良だと診断しました。

こうしてふたたび未亡人となったエイミーは、フランクリン・アンドリュースに数百ドルの借金を求める手紙を書きました。折しもこの頃、裕福な高齢者夫婦であるローレンとアリス・ガウディから連絡があり、施設に入居可能かどうか尋ねられました。もちろん、新たな入居者のためならエイミーはいつでも「空き」を作っていました。アーチャーホームで夫婦が入居できる部屋は一室しかありません。すでにフランクリン・アンドリュースが使っていた部屋だったのです。

一九一四年の五月下旬のある朝、アンドリュースはエイミーの頼みで、敷地の周りのフェンス塗りを手伝っていました。近所の人々は後に、彼が元気そうに作業をしていたのを見たと証言しています。そのため、アンドリュースがその夜に突然著しく体調を崩したのは、誰にとっても衝撃的な出来事でした。アンドリュースは普段、胃の不調などは一切訴えなかったのに、喉と胃の焼け付くような痛みは耐えがたいほどになって顔色はみるみる悪くなり、二日間嘔吐し続けました。

姉のネリー・ピアースが到着したときにはすでに手遅れで、アンドリュースはそのまま亡くなってしまいます。ネリー・ピアースは、健康そのものだった弟の死因が「胃潰瘍」とされた死亡証明書に疑念を持ちました。さらに、遺品の中からエイミーからアンドリュース宛の、金銭を無心する手紙が見つかりました。姉のネリーは、アンドリュースの胃に問題があったわけではないと直感し、その疑念をハートフォード・クーラント紙に持ち込みました。新聞社もこれを重く見て、今こそコネチカット州警察のトーマス・イーガン警視に知らせるときだと決意しました。

裕福なガウディ夫妻は、アーチャーホームでアンドリュースが使っていた部屋を使うことになりました。しかし、アリス・ガウディは間もなく、マイケル・ギリガンやフランクリン・アンドリュース、そしてそれ以前の何人かが経験したのと同じ症状に悩まされるようになります。記録によると、一九〇八年から一九一四年までにアーチャーホームで亡くなった人は五二人。そのうち四〇人が不審死だったとされています。周りの人から疑いの目を向けられることにエイミーは憤慨し、さらに嘘を重ねていきました。

フランクリン・アンドリュースの死からおよそ二年後、州当局は彼の遺体を秘密裏に掘り起こすよう命じました。州の主任病理学者であるアーサー・ウルフ博士が呼ばれ、エイミーに気づかれないよう、夜間に調査が実施されました。ウルフ博士がアンドリュースの内臓のサンプルを採取して検査したところ、ヒ素の陽性反応が出ました。これが直接のきっかけとなってエイミーは一九一六年五月に逮捕されたのです。

エイミーは、フランクリン・アンドリュース、アリス・ガウディ、マイケル・ギリガン、チャールズ・スミス、モード・リンチの死に関して、起訴された五件の一級殺人すべてに対して無罪を主張しました。全員の遺体が掘り起こされると、リンチ以外の四人の遺体からはヒ素中毒の証拠が、またリンチの遺体からはストリキニーネが検出されました。どうやら、エイミーは「変化は人生のスパイス」とでも言わんばかりに殺害方法にも変化を持たせたようです。最終的にエイミーが裁判にかけられたのは、州が最も確実な証拠を握っていたフランクリン・アンドリュースの事件のみでした。

陪審員はエイミー・アーチャー＝ギリガンを一級殺人で有罪とし、絞首刑が宣告されましたが、弁護側が控訴し、控訴審が認められました。その理由は、

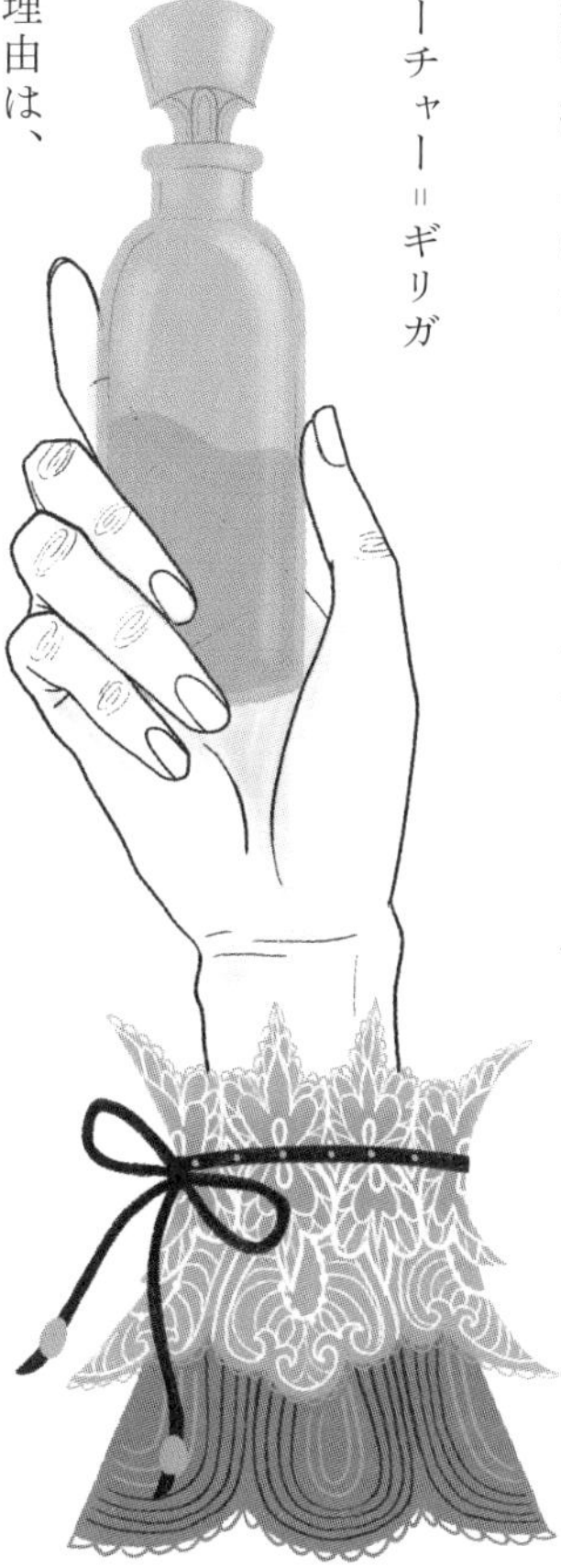

フランクリン・アンドリュースの事件だけを扱うべき裁判で、他の不審死に関する情報が使われたからです。控訴審で弁護側は、エイミーが薬物依存症であり、殺害時にはモルヒネによる錯乱状態にあったとして、精神異常を理由に無罪を訴えました。しかし、結局二級殺人で有罪とされ、終身刑を言い渡されました。

エイミーは刑務所で数年を過ごした後、最終的に精神異常であると診断されました。二〇〇〇年にハートフォード・クーラント紙でコリン・マッケンローが書いた記事では、エイミーの事件とそれに関連する出来事を詳しく振り返っています。マッケンローはエイミーの行動について「以前から電話に向かって長時間独り言を言っていたり、亡くなった人など誰もいないのにピアノで葬式の曲を弾いたりする癖があったため、精神異常との診断は間違っていないだろう」と書いています。エイミーは一九六二年に亡くなるまでのおよそ四〇年間を精神病院で過ごしました。エイミーは九〇歳近くになっていましたが、かつて彼女のもとで過ごした多くの入居者が受けていたものよりもはるかに良い世話を受けていました。エイミーが経営するホームで何人を殺害したのか正確な数は不明ですが、最大で四〇人の高齢者を殺したと推測されています。

この事件は当時成長しつつあった介護施設業界に新たな規則や基準を設けるきっかけとなりました。また、劇作家ジョセフ・ケセルリングにインスピレーションを与え、一九三九年に暗黒喜劇「毒薬と老嬢」が執筆されることになりました。この作品は、二人の親切な老婦人が宿泊施設を経営し、孤独な男性宿泊客にヒ素入りのワインを飲ませて毒殺するという筋書きです。この戯曲は後にケーリー・グラント主演で映画化され、ニューヨーク・サン紙の評論家が「殺人狂の物語がこれほど面白いとは！」と評したほど良い出来栄えだったということです。

イヤ・ムラノ

イヤ・ムラノは一九七〇年代にアルゼンチンで、友人たちを青酸カリで毒殺したとして有名になった女性です。友人たちを騙して出資金を集め、そのお金を着服しました。友人との集まりに持参したお茶やペストリーに毒物を混ぜたと言われています。後にイヤはテレビで人気者となり、自身を主役とするミュージカルも制作されました。

さて、劇場といえば、二〇一六年のアルゼンチンで、国内で最も有名な女性毒殺犯を主人公にしたミュージカルが初公演となり、ブラックユーモアと殺人、そして重厚な歌を織り交ぜたこの作品は大

Yiya Murano
YIYA MURANO BECAME INFAMOUS IN ARGENTINA IN THE 1970s WHEN SHE WAS ACCUSED OF POISONING HER FRIENDS WITH CYANIDE. SHE CONNED THEM INTO INVESTING MONEY WITH HER THAT SHE KEPT FOR HERSELF. IT IS BELIEVED THAT SHE POISONED THE TEA AND PASTRIES THAT SHE BROUGHT THEM. YIYA LATER BECAME A POPULAR TV PERSONALITY AND THE SUBJECT OF HER OWN MUSICAL.

変高く評価されました。おしゃべりで冷酷で自分が一番かわいい女が主人公の、「イヤ・ザ・ミュージカル」はたちまち大ヒットに。観客はその悪名高いストーリーをよく知っていました。この作品は、一九七〇年代後半、イヤというアルゼンチン女性が友人たちを騙して投資させ、そのお金を着服したという実話に基づいています。投資金の満期が来て、友人たちが投資の利回りを求めると、イヤは罪を認めるどころか、青酸カリ入りのお茶やペストリーで友人たちをもてなし、始末することが最良の選択だと考えたのです。

イヤは影響力のある芝居がかった性格の持ち主だったので、自分の人生を題材にした舞台作品が制作されたことについては喜んでいたかもしれません。しかし、一九九〇年代に息子のマルティン・ムラノが自分に関する暴露本、『私の母、イヤ・ムラノ』を出版したときは微妙な反応でした。暴露本では、母親が詐欺と殺人の容疑で逮捕されたときにまだ子どもだった自分の目を通して、当時国中の話題になってメディアの注目を集める存在となった母のことを語っています。フルネームはマリア・デ・ラス・メルセデス・ベルナルディーナ・ボラ・アポンテ・デ・ムラノと言いましたが、友人や家族からはイヤと呼ばれていました。一九三〇年生まれのイヤは、経済的安定を求めて、一四歳年上の弁護士、アントニオ・ムラノと結婚しました。二人はアルゼンチンのブエノスアイレスの中心地、モンセラートにある小さな二部屋のアパートで暮らし始めました。

また、マルティンは暴露本の中で母の多くの婚外恋愛について語り、妻を愛しすぎるがゆえに多くの欠点にも目をつむってしまっていた父に同情する気持ちをかなりのページを割いて記しています。また、母親は息子に対しては愛情を示さないが、他人に対してはカリスマ性を発揮し、人にいいところを見せたがる人間だと描写しています。イヤは背が高く金髪で、高価な宝石が大好きでした。富、地位、そして他人からどう思われるかを非常に気にしていました。

あるときイヤは自分の親しい人たちからお金を騙し取る計画を立てました。最初は、自分が投資でとても高い利回りを得ているのだと説明し、儲かるから一緒にやろうと友人たちを説得して投資させました。友人たちはよくお茶やお菓子を持ってきて財テクの話をするイヤを信頼していたのです。次に、イヤは手始めに少額の投資で利益を出してみせることで、いとこのカルメン・ズレマ（愛称「メマ」）を誘い、メマがさらに大きな利益を期待してイヤにさらに多くの現金を渡すよう仕向けます。イヤはこの手口で友人、隣人、親族から約三〇万ドルを騙し取ったと言われています。イヤはそのお金で贅沢な暮らしをして見せ、友人たちはイヤの気遣いに喜びながら預けたお金が増えることに夢を膨らませていたのです。当然ながら、イヤはそうした友人たちからの「お金を返して」という要求を先延ばしにしながら、すべてが順調であると安心させ続ける必要がありました。

イヤが最終的にどうしようとしていたのか、今となっては知る由もありません。ただ、友人たちがお金を返して欲しいと強く要求し始めたため、次第に窮地に追い込まれていきます。返すお金がなく、詐欺行為を認めるつもりもなかったのです。

イヤには何とかしてこの状況から逃れる策が必要でした。一九七九年二月一〇日、彼女はいつものように近所に住む投資家のニルダ・アデリーナ・ガンバの家を訪ねました。すると直後にニルダはひどく体調を崩し、痛みや吐き気を訴え始めました。往診した医者は食べた魚による食中毒ではないかと診断し、すぐに回復するだろうと言いました。イヤは看病すると申し出て、その夜はニルダの家で過ごしました。しかし、深夜になるとニルダの症状は悪化し、嘔吐し始め、翌朝イヤが再び医者を呼んだときには昏睡状態に陥っていました。医者が到着したときにニルダはすでに死亡しており、死因は心臓発作とされました。

ニルダの不慮の死から一週間も経たないうちに、イヤのもう一人の友人レリア・フォルミサーノ・デ・アヤラ(愛称「チーチャ」)が突然亡くなりました。チーチャもニルダの死の悲しみに暮れながらも、イヤから投資金を取り戻そうと粘り強く迫っていた一人でした。イヤはチーチャを慰めるため、お茶やお菓子、安心させるような言葉と共に、ある企みを持ってチーチャのもとを訪れ、チーチャが外出好きだったことを利用して、その夜友人たちと一緒に劇場へ行こうと誘います(後にイヤ自身が劇中の人物となったのは皮肉としか言えません)。友人たちがチーチャのアパートに迎えに行きましたが、いくら呼び掛けても返事はありません。数日後、近所の人たちがチーチャの部屋から悪臭がすると不安を口にしたため、警察が自宅を調べたところ、チーチャはテレビの前の肘掛け椅子に座ったまま亡くなっているのが見つかりました。テレビはついたままになっており、そばには紅茶と食べかけのお菓子が置かれていました。このときも死因は心臓発作と断定され、誰ひとりとして一週間前のニルダの死との類似性に気づくことはありませんでした。

一か月ほど時間を置いてから、今度イヤが訪れたのはメマです。一九七九年三月二四日、メマは自宅アパートの廊下の床で近隣住民によって発見されました。彼女はひどい胃痛と吐き気を催し、誰かの助けを呼ぼうとしていた様子。現場にイヤが現れたとき(そのときも高級そうなペストリーの箱を持って来ていたのをドアマンが記憶していました)、その場には近所の人たちもいたそうですが、イヤは、メマが意識を失う前に何か言っていなかったかとしきりに尋ねていたということです。イヤは親族に何が起きたのかを説明するために住所録を見る必要があると言ってアパートの管理人を説得し、部屋の中に入りました。部屋に入るとイヤは、住所録、他の書類、そして何かの小さな瓶を手に取って、救急車でメマに付き添ったということです。医療スタッフが必死に救命措置を施している間にイヤは、遺体の解剖は必要になるのかと尋ねていたということです。まだ生きている人についてそんな質問をするとは奇妙としか言えません。

イヤは「ああ神様、こんなに短期間に友人が三人も亡くなりました!」と叫んだと伝えられています。これは悲劇的な偶然だったのでしょうか、それともすべてが計画通りだったのでしょうか。メマの娘、ダイアナが疑念を抱きました。母の遺品から約束手形が紛失していること、また、死亡した三人の女性が皆、イヤと金銭のやり取りがあり、しかも死の直前にイヤの訪問を受けていたことに気づいたのです。ダイアナは警察に通報し、裁判官は遺体の掘り起こしを命じました。解剖のことを心配するイヤの不安は的中しました。メマの体内から青酸カリによる中毒の証拠が見つかったのです。四月にイヤは逮捕され、裁判を待つ間、エセイサ刑務所に収監されました。

イヤは一九八二年七月に始まる裁判までエセイサ刑務所に留まることになりましたが、一貫して無実を主張しました。裁判では、裁判官が「有罪にするには合理的な疑問があまりにも多い」と述べ、すべての容疑について無罪となりました。毒殺事件によくあることですが、イヤが何かを混ぜている場面を目撃した人はいなかったのです。また、裁判官は殺人の罪だけでなく、詐欺の罪についても、

亡くなった女性たちがイヤに対して「自発的にお金を貸したり渡したりしていない」とは誰も証明できないため、その罪も取り下げられました。

無罪判決の後、検察側が即時控訴し、一九八五年に連邦首都国家刑事・矯正控訴裁判所は、イヤの詐欺と殺人の有罪を認める判決を下しました。この判決には、イヤの裏切り行為、偽装工作、貪欲さ、そして実際の犯罪行為を克明に記載した、四〇ページに及ぶ決定的な報告書が添付されており、彼女が社会にとって明らかな脅威であることを断言していました。青酸カリを食べ物に混入した正確な方法は特定できませんでしたが、ほとんどの人が「イヤは手焼きのペストリー生地の中に混入したのでは」と推測していました。しかし、息子のマルティンは自身の著書で、母が彼に対してだけは罪を認め、「青酸カリをティーバッグに隠していた」と話したと記しています。イヤは「毒入り紅茶に砂糖はいかが？」という気分で紅茶を注いでいたのでしょうか？

イヤは終身刑を宣告されましたが、一九九〇年代半ばに法律が変更され、囚人は刑期の三分の二を務めるだけでよくなったため、イヤはこの恩恵を受け、刑期が短縮されました。イヤの刑期はアルゼンチン大統領によって二五年に減刑され、三人の女性の殺害で逮捕された後、一六年余りの刑期を終えて釈放されたということです。一九九七年に六八歳で自由の身となり、普通の生活に戻りました。ある説によると、イヤは自由の身にしてくれた裁判官たちに感謝の印としてチョコレートの箱を送ったということですが、受け取った裁判官たちは即座にゴミ箱に捨てたことでしょう。

しかし、社会に戻ったイヤが穏やかな日常生活に戻ることはなく、むしろ著名人となり、さまざまなテレビ番組に頻繁に出演するようになりました。特に有名なのは、番組の司会者がイヤの手作りケーキを(勇敢にも)食べたシーンです。イヤが服役している間に夫は亡くなり、その後イヤは再婚しました。後になって、義理の娘が自分に食べさせた麺に毒が盛られていたとイヤを告発しましたが、その告発によって特別な結果が生じることはありませんでした。先にも触れたように、イヤの息子は母親に関する暴露本を出版し、イヤ自身はいくつかのテレビ番組や自身を題材としたミュージカルにも登場しました。

イヤ・ムラノ、別名「モンセラートの毒殺犯」は、二〇一四年四月に老人ホームで亡くなりました。アルゼンチンの犯罪史上、最も悪名高い女性連続殺人犯の一人として人々の記憶に残っています。友人よりも金を愛し、信じてくれた人々を騙して利用する冷徹な詐欺師でした。彼女の紅茶やペストリーはブラックジョークの種となりましたが、冗談ではなく、それらは実際に殺人の道具として利用されたのです。イヤは最後に、「私は誰にもペストリーを食べるよう勧めたことはない」と主張したということです。

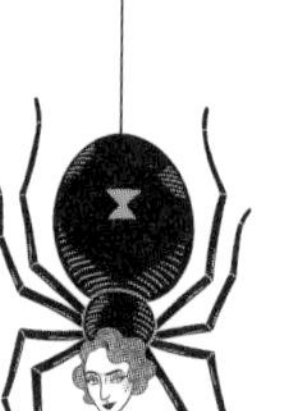

「金は諸悪の根源」という言葉がありますが、この言葉はまさに真実を言い当てています。本章に登場した女性たちは皆、金銭を目的として周囲の人々に毒を盛りました。メアリー・アン・コットンやロバータ・エルダーの事件のように、保険金を目当てにした夫や子どもが被害者に含まれていたケースもあれば、ベル・ガネスやアンナ・マリー・ハーンの事件のように、孤独な男性をターゲットにしたケースもありました。被害者たちは、エイミー・アーチャー＝ギリガンの介護施設の入居者やイヤ・ムラノの騙されやすい友人たちのように、常に無防備な存在でした。これらの女性たちは、犠牲者が誰であろうと、その数がどれだけであろうと構わず、次々と犯行を重ねました。逮捕されなければ、さらに多くの命を奪っていたでしょう。これら「ブラックウィドウ」や「青ひげ夫人」と呼ばれる女性たちの犯行は多くの注目と憶測を集め、「毒」と聞けば「女性」を連想させる理由の一つとなりました。彼女たちは自らの貪欲さのせいで、実際の法廷だけでなく、世論の目という点からも代償を払うことと

なったのです。犯罪が一時的な利益をもたらすことはあるかもしれませんが、それが永続することは決してありません。

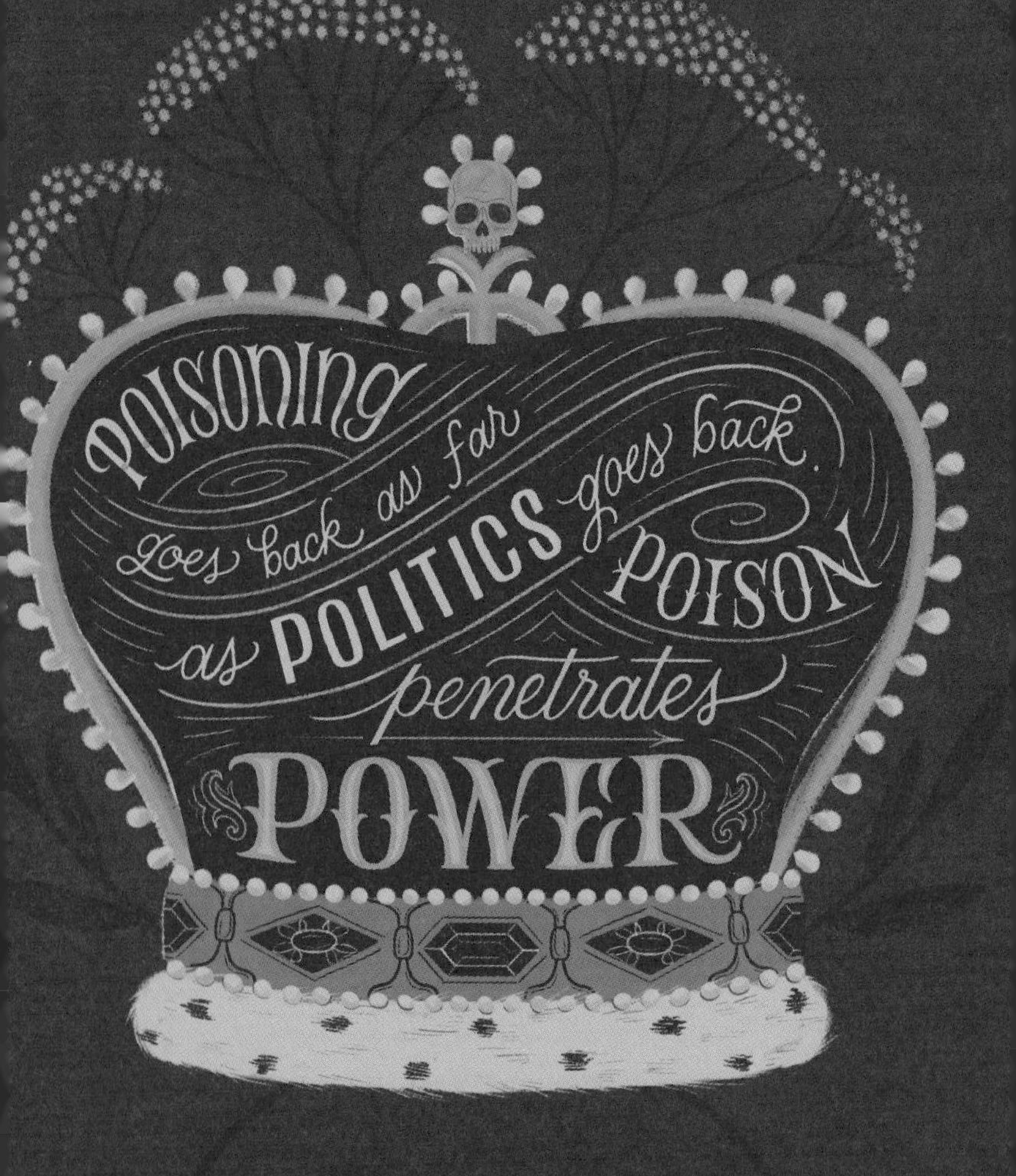
Poisoning
goes back as far
as POLITICS goes back.
POISON
penetrates
POWER
— John H. Trestrail III

第4章 権力と政治

毒殺の歴史は、政治の歴史と同じくらい古い。毒は権力の中枢にまで影響を及ぼす。

——ジョン・H・トレストレイル三世［犯罪毒物学者］

歴史上最もスキャンダラスで、かつ隠された殺人事件のなかには、政治的な理由によるものもありました。王座や権力の座に就くことを阻む不都合な障害を排除する手段として、毒薬は完璧でした。わずか数滴の液体で、君主を殺し、その首をすげかえ、歴史の流れを変えることができるのです。当然のことながら王位継承者の地位につくことは、危険と隣り合わせでした。使用人、料理人、ライバル、友人、そのだれもが暗殺者となり得ました。なかでも最も危険なのは家族です。歴史上のほとんどの王室や帝国の宮廷には、毒物が蔓延していました。あるいは少なくともその噂に満ちていました。強力で検出が難しいことから「毒の王様」として知られていたヒ素は、「王族の毒」とも呼ばれていました。それは、王族がかなり頻繁にこの方法で命を落としていたからです。

紀元前一世紀のポントスの王、ミトリダテス六世は、毒への異常な執着心から「毒王」と称されていましたが、彼が毒に対して疑心暗鬼になったのも無理はありませんでした。父親は毒殺され、その後王自身も実の母親に暗殺されかけたのです（なんという毒母！）。ミトリダテス六世は、毒への耐性をつけるため、さまざまな毒物を毎日少量ずつ摂取していました。また、毒物学に傾倒し、死刑囚を実験体に使って毒とさまざまな解毒剤を検証し、その情報をもとに万能解毒剤を開発し、「ミトリダティウム」（または「ミトリダート」）と名付けました（なんと傲慢な！）。この毒王が開発した万能解毒剤の配合は、歴史の中に埋没してしまいましたが、歴史家、大プリニウスの記録によると、三六種類の成分をすり潰して蜂蜜と混ぜ、強力な「スーパーピル」として完成させていたそうです。

これには続きがあります。ローマの敵に捕らえられたとき、ミトリダテス王は常に携帯していた毒で自らの命を絶とうとしました。しかし、それまで培ってきた毒への耐性が強すぎて、毒では死ねませんでした。結局、王は自分の護衛兵に命じて自らを刺し殺させたということです。

王室での毒に対する極端な警戒心は、独特の儀式や慣習を多く生み出しました。これについてエリナー・ハーマンはその素晴らしい著書*The Royal Art of Poison: Filthy Palaces, Fatal Cosmetics, Deadly Medicine, and Murder Most Foul*（王室の毒の芸術――汚された宮殿、命取りとなる化粧品、薬、そして悪質な殺人）で詳しく取り上げています。多くの王が食べ物やワインの最初のひと口を毒味させるために毒味係を雇っていたことは読者の皆さんもご存知かもしれませんが、ヘンリー八世は、自分が身に着ける衣服までも先に使用人に着させて、衣服に毒が塗られていないことを確認していたことはあまり知られていないでしょう。また、別の使用人は、王のベッドシーツや椅子のクッションに手や口で触れて、王の座る場所に毒が塗られていないか確認しなければならなかったのです。ある種の宝石や「ユニコーンの角」が毒を検知できると信じられており、それらが毒に近づくと反応するとされていました。王や女王が食事を取る前に、使用人が食べ物を慎重に突いたり味見したりして確認し、宝石や角を使って毒物検査を行っていました。君主が食事を楽しむころには、せっかくの食事も冷めてしまって美味しくなかったことでしょう。

毒に対してそこまで警戒するのは馬鹿げているように思われるかもしれませんが、毒殺による権力者の排除には長い歴史があります。第1章で触れたローマの皇帝クラウディウスや、第2章で取り上げたエジプトのプトレマイオス一四世が、姉のクレオパトラに暗殺されたことを思い出してください。複数の著者による*Toxicology in the Borgias Period: The Mystery of Cantarella Poison*（ボルジア時代の毒物学――カンタレラ毒の謎）という記事には、ルネッサンス期に「政界での暗殺は頻繁に起きており、教皇や枢機卿、王族の自然死を信じる人はいなかった」と述べられています。恐怖に囚われた王族は、毒殺を恐れ、無実の使用人を処刑することもしばしばありました。冷蔵や低温殺菌がなされず、食品医薬品局も存在していなかった時代では、王族が胃腸障害を引き起こしたのは犯罪行為というよりも単に食中毒が原因だった可能性もあります。また、意図的な毒殺と似た症状を呈するマラリア、結核などの病気が、若く健康な大人の命を突然奪うこともありました。

さらに、往々にして権力の座にある女性は、男性が同じ地位についた場合よりも厳しい目で判断されることがあります。男性の君主が自分の統治する国で秩序を維持するために行った暴力的な行為は、決断力ある必要なリーダーシップとみなされましたが、女性の君主が同様の行動を取ると、邪悪、狂っているなどと評されることがよくありました。これから紹介する物語には、どれも同じ共通点があります。それは、本章に登場する女性たちは、女性としては稀有な権力の座に就いていたという、類まれな状況に置かれていたということです。そのため、その不安定な地位を維持するために、おそらく通常よりも二倍も強く、用心深く、疑心暗鬼になる必要があったのでしょう。

ルクレツィア・ボルジア

ボルジア家は、政治的陰謀、権力、毒の代名詞です。ルクレツィアは教皇アレクサンデル六世とその愛人との間にできた娘でした。彼女が身に着けていた指輪は中が空洞になっていて、そこに毒が仕込まれており、敵に対してそれを使っていると噂されていました。実際にルクレツィアがそうしたという証拠はありませんが、彼女の伝説は残っています。

ルクレツィア・ボルジアのように悪行の限りを尽くした人生を送った人はめったにいないでしょう。ルクレツィアは、父親や兄弟と近親相姦の関係にあったとされ、秘密の空洞に毒を仕込んだ指輪を指にはめて見せつけていたと言われています。ルクレツィアは、ローマ教皇の庶子で、秘伝の毒薬を使って政敵を冷酷に暗殺すると言われていた策略的なボルジア家の中で育ちました（テレビアニメのタイトルにもある通り、「共に殺人を犯す家族の絆は固い」って言いますよね？）。しかし、噂されている近親相姦、不貞行為、賄賂、身内びいき、殺人といった一連の悪事の中でも、特に毒殺のイメージがボルジ

LUCREZIA BORGIA

THE BORGIA FAMILY IS SYNONYMOUS WITH POLITICAL INTRIGUE, POWER, AND POISON. LUCREZIA WAS THE DAUGHTER OF POPE ALEXANDER VI WITH HIS MISTRESS. IT WAS RUMORED THAT SHE WORE A HOLLOW RING THAT CONTAINED POISON TO USE AGAINST HER ENEMIES. THOUGH THERE IS NO EVIDENCE THAT SHE EVER DID SO, THE LEGEND ABOUT HER LINGERS ON.

ア家の名前と強く結びついています。策略家の金髪の女性が敵のワイングラスにひそかに毒を混ぜるイメージは魅惑的で、興味を掻き立てられますが、残念ながらそれが真実である可能性は低いでしょう。

信じられないかもしれませんが、歴史上最も有名とされる女性毒殺者、ルクレツィア・ボルジアが実際に誰かを毒殺したという証拠は存在しません。実は、一九世紀に入ると歴史家たちのボルジア家に対する見方が変わり始め、彼らにまつわる噂は大げさに誇張されていたとされ、その行動は当時の権力ある家族にとって一般的なものだったと認められるようになりました。ルクレツィアのイメージも大きく変化し、殺人者から、家族の政治的取引に駒として利用されただけの不幸な女性だとみなされるようになりました。サラ・ブラッドフォードによる詳細な伝記*Lucrezia Borgia: Life, Love, and Death in Renaissance Italy*(ルクレツィア・ボルジア――ルネッサンスイタリアでの生涯、愛、そして死)では、時代が女性に課した厳格な制約の中で最善を尽くした知的で有能なリーダーとして描かれています。しかし、ボルジア家を本当に理解するには、真実と当時の人々が信じていた俗説の両方を知る必要があります。

ボルジア一族は、カンタレラという名前の秘伝の毒を作り、使用したと言われています。この毒は、粉末状で目立たず、甘くて食べ物やワインに溶けやすいと言われています。*Toxicology in the Borgias Period: The Mystery of Cantarella Poison*(ボルジア時代の毒物学――カンタレラ毒の謎)では、著者たちは「カンタレラの正確なレシピは不明であるが、動物の死体が分解されてできる『腐敗アルカロイド』とヒ素を組み合わせたものであったと信じられている」と説明しています。一部では、それはヒ素、銅、リンを混合し、豚やヒキガエルの死骸が腐敗したものを調製し、その後液体化したものをさらに粉末にしたものだと言われています。先に挙げた動物たちにとって幸いにも、伝説の毒が実在したという証拠はありません。もしボルジア家が毒を使用していたとしたら、それはおそらくただのヒ素だったのでしょう。

ボルジア家(元々は「デ・ボルハ」と呼ばれていました)は、スペインのバレンシア出身のカタルーニャ人の一族で、イタリアに移住して富を求めた人たちです。ルクレツィアが生まれる前、一家はカトリック教会の地位を上げようと画策していました。一五世紀のヨーロッパでは、ローマ教皇は宗教的な権威と世俗的な権威を完全に掌握した存在であり、その役職に就いている者は強大な権力を持っていました。また、この時代、教皇はロックスターのような派手な暮らしぶりで、聖人らしからぬ振る舞いに耽っていました。愛人や恋人を持ち、富を蓄積し、さらなる野望を遂げるため、その地位を利用していたのです。アルフォンソ・デ・ボルハは、一四五五年にカリストゥス三世として教皇に選出されたことで一族の王朝を築きました。カリストゥス三世は他の多くの権力の座にある男性と同様に、親族を名誉ある地位に就けていました。そのなかには、二五歳で枢機卿に任命された甥のロドリゴも含まれていました。

ロドリゴは後に、悪名高い教皇、アレクサンダー六世になりますが、多くの人の話によればその地位をお金で買ったと言われています。アレクサンダー六世は美を崇拝する狡猾な政治家として知られており、一族の富と権力を躍起になって拡大しようと、大勢の愛人との間に八人もしくは九人の子どもをもうけ、大家族を形成しました。とりわけ最も愛した愛人、ヴァンノッツァ・デイ・カタネイが生んだ子どもたちを溺愛していました。中でも、特に目をかけていたのは息子のチェーザレと娘のルクレツィアです。アレクサンダー六世はこの子どもたち二人の輝かしい未来を夢見て、さまざまな画策を企てていました。

ルクレツィアは一四八〇年に生まれました。当時枢機卿だった父親は愛する美しい娘を即座に利用しました。娘の結婚を通じて政治的なつながりを作り、一族の地位を向上させようとしたのです。ルクレツィアが一二歳になる頃にはすでに二度婚約させていましたが、どちらのときもさらに有利になりそうな相手が現れると父親が婚約を破棄していました。一四九二年に教皇になると、アレクサンダー六世は娘のために立てたそれまでの結婚の計画をすべて取りやめ、さらに高い野望を抱きました。彼女は一三歳で自分より倍も年上のジョヴァンニ・スフォルツァの後妻に入りましたが、父親がもっと良い家に娘を嫁がせようと画策したため、結婚生活は長くは続きませんでした。

結婚後四年近く経ってから、教皇はスフォルツァの性的不能の問題で結婚が成立しなかったとして娘の結婚を無効にしました(フランセス・ハワードという別の女性毒殺犯についても後の章で説明しますが、同じ抜け穴を使っています)。スフォルツァの最初の妻は出産中に亡くなり、後に三番目の妻とさらなる子どもをもうけているので、多くの人々はその主張は信じられないことだと感じていました。しかし、真実であろうとなかろうと、ルクレツィアの父親は教皇であったため、結婚の不成立を可能にする権限を持っていたのです。教皇の勝手な振る舞いに怒りと屈辱を感じたジョヴァンニ・スフォルツァは反撃しました。教皇と娘との近親相姦の噂を流したのはスフォルツァではないかと多くの人々は信じています。

ルクレツィアは、父親が用意した二つ目の縁談、ビシェーリエ公、アラゴンのアルフォンソとの結婚にはるかに熱心でした。ルクレツィアはすぐに息子を出産し、父親の名前を取ってロドリゴと名付けました。ルクレツィアが家事にも慣れて順調に家を切り盛りしていた一方、兄のチェーザレには、暴力的で、残虐で、権力に執着する恐ろしい人物だという冷酷な評判が立っていました。チェーザレは一五歳で司教に、一八歳で枢機卿に任命され、その頃には教皇軍のトップを務めていました。すべて父親による縁故主義がもたらした恩恵でした。チェーザレが権力を一心不乱に追求する姿と恐怖戦術で周囲の人々を支配していく様子は、権力を渇望する人々に向けたマキャヴェリの政治論文『君主論』の一つのインスピレーションとなりました。父と兄が協力関係の結び方を変えたことにより、ルクレツィアとその新しい夫は突然、政治的な立場で対立することになってしまいました。

チェーザレ・ボルジアに敵対することは得策ではありませんでした。アルフォンソは、サン・ピエトロ大聖堂の階段で暴漢に襲われましたが、その場では命を落とすことなく生き残りました。達せられなかった「仕事」について、チェーザレは不気味にも「昼に達せられなかった仕事は夜に遂げることができる」と語ったと言われています。誰かが毒を使ってその「仕事」を終わらせようとするのではないかと恐れ、ルクレツィアは夫の食事をすべて自分が用意すると申し出ました。ボルジア家の噂とは裏腹に、チェーザレは毒を使いませんでした。彼は伝統的な暴力（つまり誰でも知っている殺害方法、すなわち絞殺、刺殺、遺体を川に投げ込むといった古典的手段）を好み、手下の一人を送りこんで妹の夫を絞殺しました。ルクレツィアは悲しみに打ちひしがれましたが、彼女に一体何ができたというのでしょう？

ルクレツィアはボルジア一族の深い忠誠心に縛られていました。そして、ボルジアの血は水よりも、また、「カンタレラ」の混入されたワインよりも濃かったのです。

ルクレツィアが突然また独身になったので、教皇はまた娘を政治的利益のために結婚させようと躍起になりました。今回は頂点を目指すことにし、フェラーラ公の息子であり相続人であるアルフォンソ・デステに目を付けました。ルクレツィアについては、最初の夫との結婚が疑わしい理由で無効化されたことと二番目の夫が何者かによって殺害されたことで評判が落ちてしまっていたので、スペインから来た新興の外国人一族であるボルジア家にとっては、これは大きな挑戦でした。それでも、ルクレツィアは今度も女性の貞節が重んじられる文化のもとで三番目の夫を探していました。高貴なデステ一族が、結婚の提案を受けただけでも驚きでした！　しかし、教皇は類まれなる交渉力を働かせ、ついに合意に至ったのです。

一五〇二年にフェラーラに到着したときの様子を、地元の年代記作家は「ルクレツィアは顔立ちが美しく、快活で、笑顔にあふれ、背筋が伸びて姿勢が良く、きびきびとしていて、慎重で、賢明で、満ち足りた様子で、愛想が良く、友好的だ」と書いています。ルクレツィアの魅力は徐々に新しい家族を惹きつけました。兄とは違い、彼女は恐れられるよりも愛されることを好みました。そしてルクレツィアの夫もこの縁談に不満はありませんでした。ルクレツィアは結婚していた期間、ほぼずっと妊娠と出産を繰り返していましたが、度重なる妊娠と病気のために体は衰弱していました。フェラーラでは、ルクレツィアは敬意を持って見られ、ボルジア家の娘としての汚名を乗り越えて名誉を回復しました。

翌年、ルクレツィアの父と兄は新たに枢機卿となった一家の自宅で食事をした後、重い病に倒れました。一説によると、策略を巡らせた父と息子は、招いてくれた家の主人を殺害する計画を立て、悪名高いカンタレラ毒を混入したワインを贈り物として持参したとされています。しかし、皮肉にも己の策に自らがはまってしまい、毒入りワインを飲んでしまったと言われています。チェーザレは最終

的に回復しましたが、教皇アレクサンダー六世は助かりませんでした。バチカンの書記であるヨハン・ブルカードは、遺体の恐ろしい姿について次のように書いています。「その顔は桑の色やどす黒い布にも似た色に変わり、青黒い斑点で覆われていた。鼻は腫れ上がり、口は開いたままで舌はめくれあがっており、腫れあがった唇は顔のすべてを覆いつくすようであった。そのときの顔の様子は、それまでに見たり報告されたりした遺体の顔よりもはるかに恐ろしかった」と。その恐ろしい姿は、毒殺だったという噂をさらに煽ることになりました。しかし、後の歴史家たちは、彼の死はおそらく蒸し暑いローマの夏に流行っていた急性のマラリアによるものであり、その特異で不運な姿は、急速に腐敗する死体に熱が影響を及ぼした結果だったと示唆しています。

残念ながら、ボルジア兄妹が権力を持っていたのはすべて、父親が教皇であったからこそでした。その父が亡くなった今となっては、彼らには後ろ盾もなく、敵も少なくありませんでした。その中には、ボルジア家を倒そうとしていた新たな教皇、ユリウス二世も含まれていました。チェーザレはほどなくして逮捕され、スペインの刑務所に送られました。彼は後に脱出に成功しましたが、一五〇七年に戦争で死亡しました。新教皇はアルフォンソ・デステに対しても戦争を仕掛け、ルクレツィアの残りの生涯は激動のものとなりました。フェラーラ公となった夫が戦いに出ている間、ルクレツィアはしばしばフェラーラの事実上の支配者となり、妊娠して健康状態が悪化するなか家庭も切り盛りしながら、公の実務を取り仕切りました。

ルクレツィアは一五一九年、出産で苦しんだ後、回復することなく三九歳で亡くなりました。彼女は努力家であったにもかかわらず、近親相姦というスキャンダラスな関係に陥り、一族の敵を毒殺するために毒入りの指輪を使ったという、罪深い女性としての評判から逃れることはできませんでした。噂されているような魅惑的で邪悪なイメージにどう対抗できたのでしょうか。実際、ルクレツィアはこの時代の女性のシンボルであり、権力を追求する父と兄の人生に巻き込まれながらも、彼女自身が有能で知的なリーダーであることを証明しました。

もしボルジア家が実際には当時いた他の強力な一家と大差なかったとしたら、彼らへの厳しい批判はどこから生じたのでしょうか？　アレクサンダー・リーの*Were the Borgias Really So Bad?*（ボルジア家は本当にそんなに悪者だったのか？）というヒストリー・トゥデイの記事によると、ボルジア家は常に自分たちのやり方でイタリア人に勝とうとする外部の人間として認識されていたと説明されています。彼らを有名にした野心が、破滅をもたらしました。ボルジア家の炎はあまりにも激しく、あまりにも早く燃え上がり、最終的には消えてしまいました。しかし、一族の伝説が永遠に語り継がれるという教皇アレクサンダー六世の夢は、ある意味で実現しました。彼らの名は歴史において決して忘れられることはないでしょう。

武則天（則天武后）

七世紀に、武則天は側室として宮廷に入り、権力を握りました。最終的には皇帝として自ら中国全土を統治した唯一の女性となりました。年代記作家たちは彼女が自身の家族を含む多くの人々を毒殺したと告発しています。皇帝の位に就くまでの道のりで非情なこともしたかもしれませんが、優れた統治者であることを自分自身で証明しました。

歴史上の人物が人々からどのように認識されるかは、年代記の記述によって決まります。七世紀の中国で、前例のない女性統治者、武則天（則天武后）に対する反乱が起こっていた時期、次のような非難の声が高まっていました。「この武則天という女性は、偽りの手段を用いて権力の頂点に登り詰め、帝国を支配下に置いた、頑固で冷酷な人物である」と。さらに、「蛇のような心と狼のような性質を持ち、自らの大義に従う者だけを集め、正義を破壊した。自分の姉を討ち、兄たちを残酷な方法で殺し、皇子を暗殺し、母親を毒殺した。男たちと神々に嫌われ、天からも地からも歓迎されることは

WU ZETIAN
DURING THE SEVENTH CENTURY,
WU BEGAN HER ASCENT TO POWER
AS A PALACE CONCUBINE WHO WOULD
EVENTUALLY BECAME THE ONLY WOMAN TO EVER RULE
OVER ALL OF CHINA IN HER OWN NAME. CHRONICLERS ACCUSED HER
OF POSIONING AND MURDERING MANY, INCLUDING MEMBERS OF HER
OWN FAMILY, ON HER JOURNEY TO THE THRONE. SHE MAY HAVE BEEN
RUTHLESS, BUT ALSO PROVED HERSELF TO BE A FORMIDABLE RULER.

ない」と批判されています。これらの厳しい非難の言葉を目の当たりにした武則天は、当惑しながらも、「なかなか上手に書かれている。この人は私のために文章を書いてくれれば良かったのに」と言ったと伝えられています。

武則天の権力への道のりは、まるでシンデレラの物語のようです。ただし、シンデレラが敵を倒し、数十年間権力の頂点に留まり、帝国の唯一の支配者となって黄金時代を迎えて物語が終わっていたとしたらの話です。歴史家たちは彼女を「武則天」と呼びます。低位の宮廷女官から出発し、自らの力で中国を統治するまでに登り詰めた、中国史上初、そして唯一の女性です。彼女の立身出世と統治までの記録の多くは、政治的権力を持つ女性という概念自体に驚いた男性たちによって記されました。自分の家族や反逆者たちを容赦なく殺害したとされ、政敵を何度も毒殺したとも言われています。それでも武則天は古い伝統を打ち破り、性別に基づく古い役割を無視して、中国史上で最も悪名高い女性の一人となりました。

武則天は六二四年、中国の唐の時代に生まれました。家族の誰も彼女が王位にまで登り詰めることは予想していませんでした(武は姓で、名前は不明です)。父、武士彠(ぶしかく)もまた、元木材商人でありながら、二つの州の総督まで昇進して、ある程度社会的な身分向上を果たした一人です。母、楊夫人は生まれながらの貴族で、美しい娘に教養を身につけさせることに熱心でした。そして一三歳か一四歳になったときに、武則天が宮廷に呼ばれて皇帝の側室となりました。

武則天は一〇代で家を離れ、足の引っ張り合い、裏切りのクーデター、激しい権力闘争が当たり前の世界に足を踏み入れたのです。皇帝の太宗はその治世の間、人々から尊敬され愛されていましたが、平和的に権力を獲得したわけではありません。隋の崩壊を手助けし、自分の父親を皇帝に据えて唐の統治を開始した優秀な軍人でした。ある晩家族との夕食中に吐血した後、未来の太宗皇帝は兄が自分を毒殺しようとしたことに気づきました。父の王位を継ぐためにはたとえ冷酷であっても兄を殺して競争に勝たなければならないのだと覚悟して策略を仕掛け、自分の手で兄を殺しました(この太宗の物語は、武則天の権力への道のりを考える際に重要な背景となりますので覚えておいてください)。武則天は皇帝の多数の側室の中で決して高い地位ではありませんでした。主な役割は女官として皇帝の寝具の交換を行うことでした。

晩年、太宗皇帝の健康が衰えた際には看護を行う女官としての役割も担いました。まさにこのとき、彼女は病気の父の寝室で献身的に付き添っていた未来の皇帝、高宗皇太子と出会い、共に時間を過ごす機会を得たのです。この時期に武則天と皇太子が肉体関係を持ったとされ、それが皇太子に後にまで強い印象を残したのではないかと言われています。

六四九年に太宗皇帝が亡くなると、慣習に従い皇帝の子を産んだ夫人たちは皆、宮殿内の個室に「退く」よう命じられ、それ以外の(子どもを産まなかった)側室たちはすべて尼僧として余生を過ごすため寺に送られました。武則天の生涯について詳細に記した壮大な題の本、*Wu: The Chinese Empress*

Who Schemed, Seduced, and Murdered Her Way to Become a Living God（武則天――策謀と誘惑、そして殺人までも行い、生きた神となった中国の女帝）で、著者のジョナサン・クレメンツは「世界の支配者に抱かれていた女性に皇帝以外の者が触れることは、『あってはならぬこと』とされていた」と説明しています。同書にはさらに、「二二歳の武則天にとって、これは死ぬよりもみじめな運命に思えたかもしれない」と述べられています。彼女は髪を剃り、尼僧として感業寺に送られました。武則天のストーリーはここで終わりのはずでした。

しかし、武則天は皇帝の死や寺へ送られたくらいで落ちぶれるような女性ではありませんでした。ひたすら耐え忍び、絶好の時期を見計らって復活を遂げることの重要性を理解していました。一年後、高宗皇帝が父の命日に祈りを捧げるため寺を訪れた際、前年におおいに慰めとなってくれた美しい女官、武則天と再会し、彼らの関係は再び燃え上がりました。しかしこれは禁断の関係でした。息子が父の側室と性的な関係を持つことは近親相姦とみなされたからです。しかし、武則天には高宗がそれだけのリスクを冒す価値がありました。

この頃、高宗はすでに皇后である閔妃（明成皇后）と結婚しており、複数の側室を持っていましたが、それにもかかわらずお気に入りの尼僧との密会は続いていました。しかし、宮中の女性たちの生活がすべて平穏無事だったわけではありません。皇后は、夫が自分をあまり好んではいないことをよく理解していました。加えて、自分の地位を固めるためには男子を産む必要があったのですが、それが叶わない中、夫の好みの側室である蕭淑妃がすでに皇帝との間に一男二女をもうけていたため、彼女に対して深い嫉妬を抱いていました。そのため、武則天を尼僧から後宮に連れてくるという案は、実は皇后の発案でした。皇后は、武則天がいれば皇帝はそちらに気を取られ、蕭淑妃を無視するだろう、そうなれば自分の勝ちだ、そう考えたのです。しかし、目の前のライバルを蹴散らすために別のライバルを自宅に招き入れるのは悪手なのではないかと思った読者の方、その通りです！　確かに蕭淑妃は皇后にとって目障りな存在でしたが、後に武則天が示すほどの脅威ではありませんでした。

　このようにして、武則天は見事に後宮へと戻り、側室の中でも高位につき、男子を身ごもっていると考えられていました。言うまでもなく、さらに、彼女は自分こそが皇后にふさわしいと信じ始めていました。やがて、皇后は自分の計画が失敗だったことを悟り、蕭淑妃と協力して武則天という新しい脅威を排除しようと試みました。しかし、武則天は常に一歩先を行っていました。武則天は、女児を出産した際、皇后が礼儀正しく挨拶に訪れた後に、皇后が嫉妬心から自分の赤ちゃんを殺したと訴えました。しかし、黒い噂では、実は武則天自身が赤ん坊を絞殺し、皇后を退位させて自分がその地位に就こうとしたのではないかとささやかれています。高宗は娘の突然の死に大きな悲しみを感じましたが、多くの大臣たちは皇后の交代には反対していたと伝えられています。

　事態の深刻さを認識した皇后は、武則天に排除される前に自分が武則天を排除する方法を必死に考えました。皇后と彼女の母は、重大な犯罪とされる魔術に頼り、敵に対して呪文を唱えたと言われています。皇后と蕭淑妃が皇帝にも危害を加えようとして、皇帝と武則天に対して毒入りのワインを送ったとの噂もあります。X・L・ウーの*Empress Wu the Great: Tang Dynasty China*（則天武后――中国唐王朝の女帝）によると、武則天は皇帝がそのワインを飲む前に止め、地面に注いだところ、地面が黒く変色したと言われています。一方で、武則天が自らワインに毒を仕込み、王皇后の侍女に持たせ、王皇后が殺人未遂と反逆の罪に問われるように仕組んだという別の説も存在しています。

真実がどうであれ、この陰謀の失敗は王皇后が廃される理由となりました。皇帝の勅令には、「王皇后と蕭淑妃が我が身に毒を盛ろうとしたゆえ、その位を剝奪し、幽閉するべし」と記されていました。二人は投獄され、後に処刑されました（そして、武則天の残忍さについての伝説が本当ならば、武則天はライバルらの手足を切り落とし、ムチ打ちの刑にした後、ワインの樽に投げ込んで死なせるよう命じたとされています。そして「さあ、これで魔女たちは骨まで酔うことだろう」と笑いながらその様子を見守ったということです）。

六五五年、武則天はついに念願が叶って皇后の座に就き、息子の李弘が皇太子に指名されました。武則天は高宗との間に最終的に四人の息子と娘を一人もうけました。武則天の親族に対する皇帝の愛情は少々度が過ぎていたようで、武則天の姉や姪とも親密な関係を持っていた可能性があります。六六六年の家族の夕食会で、武則天の姪は突然窒息し、激しく痙攣した後、亡くなりました。武則天は自分が快く思っていなかった二人のいとこを非難し、自分の食事に盛られた毒が誤って姪に与えられたのではないかと主張しましたが、唐の年代記には、新たに夫の高宗から寵愛を受けた姪を武則天が故意に毒殺したと書かれています。また、武則天が同じ理由で姉を毒殺したという噂もありました。また、武則天が自分の母親をも毒殺したかもしれないという話を忘れてはなりません。とはいえ、九〇歳近くまで生きた楊夫人を殺す理由はほとんどなかったことでしょう。

その頃、高宗皇帝の健康状態は悪化していました。高宗は脳卒中を繰り返しており、それが平衡感覚と視力に影響を及ぼしていました。そのため皇后の武則天に皇帝としての職務を依頼し、次第に大きく依存するようになっていきました。武則天はこれを喜んで引き受けました。高宗が二度目の脳卒中を起こして体に麻痺が残ると、武則天は摂政としての役割を果たすようになり、事実上の皇帝として振る舞うようになりました。武則天はこれを機に多くの改革を行いました。その中には女性の役割を向上させ、女性に関する伝記の執筆に資金提供したことも含まれます。さらに、宮中に提案箱を設置することを発案しました。これにより一般の人々も直接、苦情や懸念を伝えたり、互いの罪や不正行為を告発したりできるようになりました。

政治の表舞台で女性が主導権を握る姿に、多くの人々は不快感を覚えていました。体調を崩した高宗が退位して息子が治めることで、武則天が排除されることを望んでいたのです。皇太子の李弘は、母親の行動や政策を躊躇なく批判しました。ところが、彼は二三歳という若さで突然この世を去ったのです。その死は謎に包まれており、母親が彼を毒殺したという噂が立ちました。その目的は、新たに、しかも必死で手に入れた権力を手放さないためだったと言われています。次に皇位継承者となった次男は、母による自室の無断捜索で鎧が見つかり、追放されました。武則天はそれを、息子がクーデターを計画している証拠とみなしました。六八三年、武則天が五九歳のときに、高宗は五六歳でついに亡くなりました。武則天が高宗の名代として約二三年間国を治めた後のことでした。このときも、高宗の死と共に武則天も退場すると期待されていましたが、彼女は再生と復活の象徴である鳳凰を自らのシンボルとしました。鳳凰のように自らの灰から生まれ変わり、困難を乗り越えて強くなることを決意したのです。

三男、中宗は、自分が望めば帝国のすべてを妻である韋皇后に譲ることができるという軽率な発言をしてしまい、それが原因で廃位されました。中宗の在位はわずか六週間に終わりました。韋皇后は野心的な女性で、義母である武則天と性格が似ていたとされています。

武則天はこれを反逆行為と断じ、彼らに追放の命を下しました。これで、残った息子は睿宗ただ一人となりました。睿宗は皇位に就いたとき、自分の兄たちがどんな目に遭ったかを見て、自分は一歩下がって母に重要な決断を任せました。優れた判断のできる賢い子どもだったのです。武則天は、睿宗が言語障害を持っていると説明し、自分が息子を代弁すると主張しました。こうして彼女は再び皇帝としての権力を握ることができたのです。この取り決めは両者にとって好都合でした。母親は息子の治世のもとで統治する権力を持つことができ、睿宗は生き延びることができたのでした。

六九〇年、六六歳のとき、武則天はついに歴史を変えました。息子、睿宗が退位し、王位を引き継ぐのは母親である彼女しかいないという状況が生まれたのです。武則天は、摂政や后ではなく、自分自身が皇帝となって中国全土を統治した史上初、かつ唯一の女性となりました。武則天は非常に人々から慕われた統治者でした。あるいは、少なくともそう見えました。というのも、逆らった者はすでに追放されたか処刑されていたからです。彼女は才能や能力のある人々を政治に登用し、富裕な縁故者だけを任命するという従来の伝統を廃止しました。さらに、景気を良くし、民衆の生活を向上させる政策も打ち出しました。そうです。確かに武則天には冷酷な面もありましたが、賢くて力強い統治者であることも示しました。これらの矛盾により、彼女は謎に満ちた伝説の人物として形作られたのです。

七〇五年、武則天が八〇歳前後のとき、三男の中宗を再び皇位につけるためのクーデターが起こりました。武則天は一五年間の統治の後に退位し、その後すぐに亡くなりました。中宗の二度目の治世はあまり長くは続きませんでした。中宗の妻、韋皇后は、権力を握ろうとして夫を毒殺しました。義母である武則天の行動にやや影響を受けすぎたとも言えるでしょう。韋皇后の計画は失敗に終わり、睿宗が一時的に皇位に戻り、その後、太宗の孫である自らの息子が皇帝となるまでの間、王座に留まりました。

則天武后は、女性が男性に従属するという儒教の信念で定義された文化を覆しました。彼女は本当に冷酷無比な悪者だったのでしょうか、それとも単に男性的な振る舞いをした女性だったのでしょうか？　男性の皇帝たちも残酷さを持ちながらも、その大胆さや執念、行動力で賞賛されてきました。これらは武則天が非難された特性です。噂から真実を解き明かすことは不可能ですが、権力を握るための残忍な行動を別にしても、武則天は巧みな策略を駆使し、帝国に有益かつ重要な改革を行ったことは明らかです。しかし、彼女の治世を記録した男性たちは武則天を蔑視し、恐れ、他の女性が再び強大な地位に就くことを防ぐために、彼女の物語を戒めの話として伝えたのです。

ラナヴァルナ一世

女王、ラナヴァルナ一世は一八二八年から一八六一年までマダガスカルを統治しました。彼女はその残忍さと、国民に対する過酷な裁判で名高い存在です。これは、被告が有毒なタンゲナの実と鶏の皮を飲み込むもので、皮をすべて吐き出すことができた場合のみ被告は無罪とされる、という裁判方法でした。

想像してみてください。裁判官や陪審員や証拠ではなく、毒によって自分の自由、そしてその生命が裁かれ、決定される状況を。一八世紀末から一九世紀にかけて、マダガスカルの多くの住民にとって、過酷な試練による裁判(神明裁判)は一般的な慣習として行われていました。被告はこの裁判に使われることで名高いタンゲナの実から毒を摂取した後、吐き出したものによって完全に有罪か無罪かが決められていました。この毒による試練の結果は、その正確さが疑いようのないものとみなされており、結果に疑問を持つ余地はないとされていたのです。

QUEEN RANAVALONA I RULED MADAGASCAR FROM 1828 TO 1861. SHE IS INFAMOUS FOR STORIES OF HER BRUTALITY AND HER USE OF TRIAL BY ORDEAL ON HER SUBJECTS. THIS INVOLVED THE ACCUSED INGESTING THE POISONOUS TANGENA NUT AND SOME CHICKEN SKINS. ONLY IF THEY VOMITED UP ALL OF THE SKINS WOULD THEY BE FOUND INNOCENT.

マダガスカルの女王ラナヴァルナ一世は、特にこの手法を好んだとされており、実際に王国の何千人もの民衆に対して、自分や伝統的な宗教に対する忠誠心を試すために使ったと言われています。ラナヴァルナ一世は、伝統的な信仰を強硬な姿勢で保護したこと、ヨーロッパ列強による植民地化を防いだことなど多くの功績で知られていますが、一方で、自分の権力を維持するために極端な手段を用いて国民を試し、その結果、人口の半分とは言わないまでも、少なくともその三分の一にあたる民衆を死に至らしめたことは、女王としての負の遺産として後世に語り継がれています。

過酷な試練による裁判は、当時の新しい概念ではなく、その地域に固有のものでもありませんでした。この考え方は、魔女狩りが盛んだったヨーロッパで行われていた「魔女を水に落として泳がせる」という水の試練を思い出させるかもしれません。魔女として告発された人々は下着一枚にされ、手足を縛られ、一番近くの川や湖などの水に投げ込まれました。そして体が浮いてきたら、水が彼らを拒絶したとみなされ、魔女としての有罪が確定したと信じられていました。逆に、沈めば無実を示したことになりますが、悲劇的なことに、結果に関係なく溺死することがよくありました。

スティーブン・エリスの論文 *Witch-Hunting in Central Madagascar 1828–1861*（中央マダガスカルにおける魔女狩り 一八二八 - 一八六一）では、マダガスカルの人々の伝統的な信仰の中には、霊的な力がすべての力の源であるという考え方があったと指摘されています。この霊的な力は、先祖の霊や過去の王たちの魂などといった目に見えないもの、さらには木や岩、毒性を持つナッツなど自然界のあらゆるものに宿っていると考えられていました。また、エリスの論文では、特に「タンゲナの木の実」についての言及があり、「この木の実には、固有のパワーが含まれており、食べると体に強い影響を及ぼすため、生きている存在として捉えられていた」ということです。さらに、「マダガスカルの地域住民は、タンゲナの実には、人の心を見通す精霊のような力が宿っており、毒と一緒に被告の胃の中に入ると、有罪の者を罰し、無実の者を救うことができるのだと考えていました」と語りました。

ラナヴァルナ一世は、アフリカの南東沿岸に位置する「グレートレッドアイランド」と呼ばれるマダガスカル島のイメリナ王国でメリナ族を統治していました。当初マダガスカルは、アジアとアフリカの多様な地域から来た船乗りや移民の到来により人口が増加し、その結果、独自の文化、伝統、言語、宗教が形成されました。一五〇〇年代にはヨーロッパの植民者がインド洋におけるマダガスカルの戦略的な位置に注目し始め、その後数世紀にわたってこの地域における支配を競い合いました。マダガスカルの王族の中には西洋の影響を受け入れる者もいれば、ラナヴァルナのようにそれを阻止することを人生の使命とする者もいました。

ラナヴァルナ一世は、権力を手に入れた後、それをうまく行使することには長けていたのですが、王位に就くまでの道のりは決して平坦なものではなく、予想外の出来事の連続でした。

一七八三年、アンドゥリアナムプイニメリナ王が即位する前、忠誠心ある市民の一人が、次期国王となる彼自身の叔父が王の暗殺を計画していると王に警告しました。王位に就いた後、王はその褒賞として、伝えてくれた市民の娘を養女にし、自身の息子である王子と結婚させました。さらに、この夫婦の子どもたちを王位継承の最優先候補とする命令を出しました。この決定により、後にラナヴァルナ一世となる二二歳の女性が注目を集めることになったのです。しかし、王が亡くなった後、その息子がラダマ一世として王位を継承しました。

ラナヴァルナは王の妻の中でも高い地位にありましたが、王の特別な寵愛を受けていたわけではなく、二人の間に子どもはいませんでした。ラナヴァルナも、夫に対して愛情を持つことができませんでしたが、それも無理もないことだったかもしれません。自分の親族が夫に何人も処刑された後では、どんな関係も冷めるでしょう。ラダマはイメリナの領土を大幅に拡大し、島の支配をめぐってフランスと争っていたイギリスと友好同盟を結びました。イギリスから武器や弾薬を手に入れ、軍事訓練を受け、奴隷制度の廃止に同意したり西洋の方針に沿った国の近代化に向けて取り組みを強化したりしたようです。その一環として、マダガスカルにキリスト教の宣教師を迎え入れ、学校を設立しました。しかし、王の評議会の保守派は国の伝統を脅かす西洋の影響と宗教に対して懸念を深めていました。

王ラダマ一世はラナヴァルナとの間に子どもを残さずに亡くなったので、慣習では王位は姉の長男である王子ラコトベに渡るはずでした。王の死を知らされたのは、後継者の即位が妨げられないよう、最も親しい将校のうちの二人だけでしたが、その二人のうちの一人でラナヴァルナの恋人であった将校がその重大な情報を自分の恋人に知らせたのです。マダガスカルの伝統では、夫の死後にラナヴァルナが産んだ子どもたちも、法的には夫の子とみなされました。ラナヴァルナは、ラダマの将来の後継者を産むことができる自分の存在は新しい王にとって脅威であり、王は必ず自分を処刑するだろうと考えました。そこで、未亡人となったラナヴァルナはクーデターを起こし、王の死から次の王の戴冠式までの短い期間に権力を掌握することが生き残るための最良の道だと判断しました。

ラナヴァルナは保守的で、夫とは異なりヨーロッパの勢力やキリスト教との関係を望まず、マダガスカルの伝統宗教を守ることに尽力していました。彼女はこれにより支持を集め、イメリナ初の女性君主になるための秘密のクーデターを組織し、実行を支援されました。一八二八年八月にマダガスカルの女王に宣言されるとすぐ、亡き夫の親族たちを虐殺し始めました（残酷に聞こえるかもしれませんが、これは王位に歯向かう者を排除するために数多くの君主が行ったことでした）。

ラナヴァルナの統治下では、夫の政策の多くを覆し、外国の影響を排除し、マダガスカルの伝統を守ることが重視されました。翌年の戴冠式で、彼女は群衆に語りかけ、有能で不屈の支配者となることを約束しました。ラナヴァルナの生涯について書かれたキース・レイドラーの本 *Female Caligula: Ranavalona, the Mad Queen of Madagascar*（女性カリグラ――マダガスカルの猛烈な女王、ラナヴァルナ）によると、ラナヴァルナの伝説のスピーチは「私のことをただの弱くて無知な女性にすぎない、どうしてそんなに広大な帝国を統治できるのだろう、などと言ってはならない。私は民の幸福と我が名の栄光のためにこの地を統治する。祖先の神々以外の神を崇拝しない。海が我が領土の境界だ。髪の毛一本分たりとも領土を譲ることはない！」という内容だったということです。

ラナヴァルナは一八二九年、四一歳のときに息子であり後継者である王子を出産しました。治世の間、フランスの植民者と戦い、彼らの首を切り落として杭に刺し、王国の浜辺に飾りました。一八三四年になると、外国の宣教師や自分の国で改宗させたキリスト教徒を一切容赦しなくなりました。ただし、ヨーロッパの訪問者がキリスト教を信仰することは気にしませんでした。それは彼らの祖先の宗教だからです。しかし、自分たちの伝統を拒否しているように見えるマダガスカルの人々には激怒しました。ラナヴァルナは厳しく取り締まることに決め、マダガスカルのキリスト教徒の最初のいわば「司法殺人」が始まったのです。

タンゲナの実の試練は、通常は反逆や魔術の容疑者に対して用いられましたが、ラナヴァルナはどんな罪に対しても使いました。この試練に使われる物質は、タンヒン(tanghin)、タンギン(tangin)、タンゲナ(tanguena)とも綴られることがありますが、キョウチクトウ科の木や灌木から採れる有毒な実です。*The Ordeal Poisons of Madagascar and Africa*（マダガスカルとアフリカの試練の毒）という論文でジョージ・ロブは、タンゲナの実の毒性の原因を解説しています。それによると、強心配糖体という成分が、嘔吐のみならず心拍数や呼吸器系の遅延を引き起こし、最終的には死に至ることがあるということです。この試練を行う医者は、賄賂を受け取って毒の量を調整していたこともあったとされています。さらに、ロブは「これらの腐敗した慣行にもかかわらず、多くの人々は試練の正義に深い信頼を寄せ、自らの意志で確信を持って毒を飲んだ」と述べています。

この試練による裁判では、裁判官の前で被告は米のスープまたは重湯を飲んだ後、一辺が約一インチ(約二・五センチ)の鶏の皮を三切れ飲み込みます。そして、果汁や葉と一緒に潰して混ぜられた毒を飲み込みます。強力な毒はすぐに効き始めます。鶏の皮を全部吐き出せば無罪とされて釈放されましたが、できなければ有罪とされて残忍な処刑に処せられました。こうした処刑には斬首、睾丸を潰される、磔刑、生きたまま皮膚を剝がれる、真っ二つに切り裂かれる、などがありました。中には、水牛の皮の中に体を縫い込まれて頭だけを出した状態で死を待つ者もいました。ラナヴァルナは時折、自分の足に毒を塗って被告に足にキスさせたり舐めさせたりしましたが、それを拒否すると死刑になりました。つまり、やってもやらなくても地獄に落とされていたということです。

グウィン・キャンベルは著書 *An Economic History of Imperial Madagascar, 1750–1895: The Rise and Fall of an Island Empire*(帝国マダガスカルの経済史 一七五〇－一八九五——島国帝国の興亡)

で、ラナヴァルナ一世の治世下でのタンゲナの試練について詳述しています。それによると、王族、貴族、高官などのエリート層が所有する奴隷の大多数がこの試練にかけられ、一八二八年のラナヴァルナ一世の即位以降、一八五四年までの間に彼女に仕えた奴隷たちはみな、少なくとも七回の試練を生き延びたとされています。また、キャンベルは「マダガスカルミッション」「マダガスカルのキリスト教徒や教会、機関を支援するミッション組織」のデイビッド・グリフィスの言葉を引用し、タンゲナによる死亡率は平均三三－五〇パーセントで、一八二〇年代初頭には年間平均一〇〇〇人（推定で人口の約〇・四四パーセント）が死亡し、一八二八年から一八六一年にかけて死者数は三〇〇〇人に増加し、一八三八年にはイメリナの人口の二〇パーセント（推定で約一〇万人）がこの試練で死亡したと推定されていると説明しています。

女王ラナヴァルナ一世の治世は、一八六一年八月一五日に安らかに眠ったまま亡くなるまで、三三年間続きました。ラナヴァルナの残酷な政策は、国の人口を大幅に減らしましたが、即位の日に宣言

した約束を守り、植民地化する勢力と西洋の宗教を国から遠ざけました。ラナヴァルナの死後、息子が王ラダマ二世として即位し、母親の残酷な政策をすぐに覆しました。タンゲナの試練を廃止し、宗教の自由を認め、宣教師とその学校を再び受け入れました。しかし、ラダマ二世の治世はそれほど長くは続かず、彼はクーデターで絞殺されました。一八六五年にはタンゲナの試練が公式に違法とされ、一八九六年にマダガスカルはフランスの植民地となりました。ラナヴァルナが戦って勝ち取ってきたもののすべてが否定されたこれらの結果に対して、墓の中で彼女がどのように感じているのか、私たちは想像することしかできません。

ラナヴァルナは、アフリカ人以外の多くの人々によって、手に負えない「野蛮」な女王の例として取り上げられてきました。彼女の治世に関する多くの記録は、キリスト教を断固受け付けない姿勢が彼女の野蛮な性質の証拠であるとみなしたイギリスの宣教師たちによって書かれました。ラナヴァルナを、自分たちの（キリスト教徒、道徳的、思いやりがある、結婚している、白人である）ヴィクトリア女王と対照的に描いたのです。ヴィクトリア女王がインドや他の地域で行った植民地拡大は重大な結果をもたらし、多くの死者を出しましたが、それでもイギリス国民からは慈悲深い人物とみなされていました。間違いなく、ラナヴァルナは残忍であり、自分の権力を維持するために暴力を用いました。しかし、彼女なりの方法で理想、民衆、伝統のために戦い、彼女にとって毒物による試練はそれを達成するための効果的な手段だったのです。

カトリーヌ・ド・メディシス

フィレンツェ出身のカトリーヌ・ド・メディシスは、フランスに多くの新しいアイデアをもたらしたとされています。横向きに馬の背に座って行う「サイドサドル」乗馬、バレエとオペラ、フォークの使用、ズボン下の着用、そしてイタリアの毒物の技術です。「ボルジア家」の名前と同様に、「メディチ家」の名はスキャンダル、権力、特権、お金、セックス、そして殺人を連想させます。言い伝えによると、カトリーヌは自身の権力を維持するために政敵を無慈悲に毒殺し、その中には自分に毒を塗った手袋を贈った女王も含まれていると言われています。彼女は数百もの小さなキャビネットを備えた特別な部屋に毒薬の凝ったコレクションを保管しており、命取りになるほどの毒を必要なときにいつでも使用できるようにしていました。カトリーヌは多くの血が流れた宗教戦争の間も、第二の故郷を支えるために努力した実利的で献身的なリーダーとしてではなく、権力と毒物への嗜好を持っていた邪悪な女王として記憶されています。

カトリーヌの人生には二つの主要な幕がありました。第一幕は不運な幼少期から始まり、第二幕は中年になってから、ヨーロッパで女性が手に入れられる地位としては最も高いところまで登り詰めたことから始まりました。カトリーヌは、一五一九年にウルビーノ公ロレンツォ二世・デ・メディチと、裕福なフランスの伯爵夫人マドレーヌ・ド・ラ・トゥール・ドーヴェルニュの間に生まれました。不幸なことに、生後一か月も経たないうちに両親が亡くなりました。その後、孤児となったカトリーヌは違う家族のもとで育てられました。これだけでも人生のスタートとしては厳しいものでしたが、さらに彼女は、メディチ家がフィレンツェで滅ぼされたときに子どもながら三年間、さまざまな修道院で監禁されるという過酷な経験をしました。一五三〇年に解放された後、叔父であるローマ教皇クレメンス七世の保護を受け、この傷ついた子に少しでも有利な結婚をさせようとした教皇の尽力により、フランス王の次男オルレアン公アンリとの結婚が整いました。

カトリーヌとアンリは一五三三年、ともに一四歳のときに結婚しました。アンリは次男だったので、自分が王になることは期待していませんでしたが、三年後、王位継承者の兄がテニスの試合の後に突然亡くなって、すべてが変わりました。ゴシップ好きな人々はさっそく、毒と新しいイタリア人の花嫁を非難し、権力を掌握するための計算された行動だったと考えました。エレノア・ハーマンが*The Royal Art of Poison: Filthy Palaces, Fatal Cosmetics, Deadly Medicine, and Murder Most Foul*（皇室の毒殺技術——汚れた宮殿、死に至る化粧品、死に至る薬、そして最も腐敗した罪、殺人）で説明しているように、カトリーヌの出身のイタリアと毒との関連性は人々の意識に非常に深く根ざしていたため、誰かを毒殺することを、相手を「イタリア化する」と言うことがありました。悲しみに暮れた王は、長男の死の責任をイタリア人の従者に押し付けました。従者は拷問のもとで王子を毒殺したと自白（後に撤回）しましたが、王子は結核で亡くなった可能性の方がはるかに高いと言われています。従者は、四肢を四頭の興奮した馬に縛り付けられ、無残に引き裂かれて処刑されました。

結婚して最初の一〇年間は子どもがなかなか授からなかったため、カトリーヌの王室での立場は磐石なものではありませんでした。さらに悪いことに、夫はカトリーヌに関心を示さず、美しい愛人、ディアーヌ・ド・ポワチエにすっかり夢中になっていました。ディアーヌはアンリの子どもの頃の家庭教師であり、彼より一九歳も年上でした。

カトリーヌはなんとか妊娠しようと必死になって、ロバの尿を飲んだり、牛の糞と角を砕いて混ぜたものを下半身に塗ったりするなど、聞くだけで不快になるような液体や膏薬に頼りました。陽のもとにあるもので良いと言われたものは何でも試して（そしてそれを陽の当たらないところに塗りつけて）から一〇年経った後、夫婦が医者に相談すると、その医者が「すべてがガラリと変わるような何か」を夫婦に告げたため、カトリーヌはついに妊娠しました。こうしてカトリーヌはそれからの一二年間で一〇人の子どもを出産し、うち七人は成人するまで生き残りました。王が一五四七年に亡くなったとき、アンリとカトリーヌは王と王妃になり、子どもたちの大半はフランスの王子と王女となりました。

カトリーヌの夫が不慮の事故で（槍の試合中に目に槍を受けたといわれています）早すぎる死を遂げた後、

三人の息子たちは母親の厳格な指導と真のリーダーシップのもとで、次々とフランスの王位に就きました。しかし、残念ながら、子どもたちはほとんどが病弱で、結核に苦しみ、早世する運命にありました。カトリーヌは若い息子たちの摂政として力を発揮し、人生の第二幕においては、無視されていた妻から国の実権を王の背後で握る立場へと登り詰めました。

ちょうどその頃、フランスでは伝統的なカトリック教徒と「ユグノー」を自称するフランスのプロテスタントとの間における宗教的な分断が進み、非常に緊張が高まっていました。この分裂は、三六年間に及ぶ激しい衝突の連続となった宗教戦争へと発展し、カトリーヌの人生と王太后としての治世に多大な苦痛をもたらしました。カトリーヌはまず、分断された国民の間に団結をもたらそうと試みましたが、和解への試みに不満を持つ人が絶えることはありませんでした。

カトリーヌは複雑な問題を解決するためにお得意の手段である、王族間の結婚の取り決めに頼ろうと考えました。彼女はユグノー教徒であるナバラ王国の女王、ジャンヌ・ダルブレに接触し、ジャンヌの息子アンリと、自分の娘でカトリック教徒のマルグリットとの結婚を提案しました。宗教間の対立を鎮めるために、相思相愛でもない二人を結婚させるより他に優れた計略があるでしょうか。ジャンヌは、カトリーヌとその宮廷に関するスキャンダルの噂について耳にしていたため、この提案に反発を感じていました。「マダム、お手紙で『お会いしたい、けれども害は及ぼさない』と書かれていましたね。その言葉を読んで、少し微笑んでしまいました。もちろん、あなたが子どもたちに危害を加

えるような人とは思っておりませんよ」とジャンヌは手紙の返事を書きました。しかし、カトリーヌは宗教間の対立を解消するための夢の結婚を強行し、結局ジャンヌは王太后の執念深さに屈しました。この結婚が後にフランス史上最も暴力的な出来事の一つにどのように影響を及ぼすか、二人ともまだそのときには知る由もありませんでした。

ジャンヌは、結婚の段取りについてカトリーヌと話し合うためにパリへ行き、滞在中に買い物を楽しむことにしました。しかし、そのわずか数日後に、ナバラの女王は不慮の死を遂げました。この突然の出来事は、カトリーヌと毒を塗った美しい手袋にまつわる憶測を呼ぶことになりました。

手袋を殺人の道具として使うような発想を持つ人には、その独創性を認めざるを得ません。伝えられるところによると、カトリーヌは、イタリア人香水師、マエートル・レネの助けを借りて、毒を塗ったスタイリッシュな「甘い香りの手袋」をジャンヌに売りつけたそうです。この甘い香りのする手袋は、メディチ家のカトリーヌがイタリアからフランスにもたらした革新的な技術の一つでした。装飾が施された革製の手袋は当時流行のアクセサリーでしたが、その製造工程は決してきれいなものではありませんでした。未加工の粗い皮を柔らかい革に変えるために、なめし職人は表面を動物の糞で処理しましたが、結果として非常に柔らかいものの悲惨なほど臭う革が出来上がりました。

一方、甘い香りの手袋は、クローブ、オレンジの花、スミレ、ジャスミンなど、さまざまな芳香性の花やハーブで香り付けされており、革の不快な臭いをうまく覆い隠していました。

検視によりジャンヌの死因はただの結核だったことが明らかになりましたが、毒入り手袋の伝説の広がりを止めることはできませんでした。母の死から二か月後、ナバラ王アンリ四世はカトリーヌの娘マルグリットと豪華な式典で結婚し、その結婚式のために多くのユグノーがカトリックの都市パリに集まりました。そこでカトリーヌはある大きな決断を下しましたが、その決断により彼女は残りの治世にわたって追い詰められ、自らの歴史に永遠の汚点を残すことになります。カトリーヌは、ユグノー派の指導者であるガスパール二世・ド・コリニー提督を、宗教的な信念からではなく、政治的な理由で密かに排除しなければならないと決意しました。なぜなら、コリニー提督はカトリーヌの息子である王に対し、スペインと戦争するよう圧力をかけていたからです。伝えられるところによれば、結婚式の数日後、サン・バルテルミの祝日の朝、提督は散歩中に靴を直そうとかがんだ際、近くの窓から銃撃を受け、腕と手に被弾しました。幸いにも靴紐を結んでいたため、命は助かったものの、深刻な傷を負ったということです。指導者の暗殺未遂事件を受けて、ユグノー派の間には恐怖と動揺が広がりました。暗殺計画の失敗でカトリーヌは身動きがとれなくなり、事態はさらに悪化しました。

カトリーヌの息子、シャルル九世は、母親がその暗殺計画に関与していたことを知らなかったため、必ず犯人を捕らえると誓いました。カトリーヌは本格的な戦争に発展することを恐れ、コリニーと他のユグノー派指導者三〇人を抹殺し、反乱を起こさせないようにするための新たな計画を立てました。カトリーヌはこの計画を国王に説明し、攻撃しなければユグノー派が先に襲ってくるかもしれないと説得して暗殺を承諾させました。その計画はまず、銃で撃たれて寝たきりになっていたコリニー提督の胸を一突きし、窓から投げ落とすことから始まりました。彼だけを狙った襲撃のはずが、またたく間に町中のユグノー派に対する無差別虐殺へとエスカレートしました。歯止めのかからなくなった暴動は三日間続き、混乱は地方へと広がってさらに二か月間続きました。専門家によると最終的な死者数は二万から三万人に達したとされています。

ユグノー派は、これがずっと王太后の邪悪な計画だったと信じていました。すなわち、王族の結婚式を装ってユグノー派を集め、虐殺を行いやすくするための計画です。サン・バルテルミの大虐殺として知られるこの事件の後、カトリーヌは邪悪で権力に狂った人物としてますます名高い存在となりました。数年後、シャルル九世は結核が原因でわずか二三歳で亡くなり、次に年長のカトリーヌの息子がアンリ三世として即位しました。このときまでにカトリーヌはかつてのフランス国王の后であり三人の王の母となっていました。宗教戦争は続き、カトリーヌは体の弱かった子どもたちよりも長生きすることになりました。

カトリーヌは一五八九年一月、七〇歳に近い年齢で自宅で亡くなりました。彼女が毒薬のコレクションを保管していたと噂される二三七もの小さなキャビネットを備えた部屋があったのは、ブロワ城でした。しかしながら、実際のところそれほど興味深いものではありませんでした。これらのキャビネットは、おそらく小物や私信を収納するために使用されていたのでしょう。

母の死から一年も経たないうちに、ヘンリー三世は僧侶に扮した暗殺者によって襲われ、カトリーヌが絶え間なく支えてきたヴァロワ朝は彼の死とともに終わりを迎えました。王位の次の継承者はナバラのアンリでした。一五九八年、彼はナントの勅令に署名し、二つの宗教の平和的共存を認め、フランスで長きにわたって続いた宗教戦争に終止符を打ちました。

カトリーヌ・ド・メディシスは占星術師や予言者に深く陶酔し、ノストラダムスのことさえも知っていましたが、彼女の人生で起きた異常な出来事を予見した人は一人もいませんでした。彼女のストーリーには、毒殺や権力への渇望といった悪女としてのイメージによって暗い影が落とされています。宗教間の争いの和解に向けた努力、夫や子どもたちへの献身、実際的で堅実なリーダーシップについては、人々の記憶にほとんど残っていません。カトリーヌの悪名は、血塗られたサン・バルテルミの虐殺という悲劇のまさにもう一つの側面でした。

本章に出てきた女性たちの中には、生まれながらに権力と特権を持っていた者もいれば、機が熟してから力を掌握するチャンスをつかんだ者もいました。毒は、腐敗した君主を廃する必要がある場合や、王位継承順序を変更したい場合、あるいは政敵を排除したい場合に、多忙な支配者にとって効率的な手段となります。結局のところ、死んだ人間に兵を挙げることはできないのです。

しかし、本書で最も悪名高い女性毒殺犯であるルクレツィア・ボルジアとカトリーヌ・

ド・メディシスは、実際には誰も毒殺していない可能性もあります。カトリーヌ・ド・メディシスがライバルを毒殺したかどうか、ルクレツィア・ボルジアが本当に毒を入れた指輪を身に着けていたかどうか、また武則天が自分に歯向かった家族を毒殺したかどうか知ることは不可能です。彼女たちにまつわる伝説があまりにもドラマチックであり、真実の話が霞んでしまっているというだけなのです。

マダガスカルの女王ラナヴァルナ一世も中国の武則天も、それぞれの国で最も強力な地位につくことは予想されていませんでしたが、彼女たちは大胆な行動を取って王座を奪い、自分たちの価値観に沿った政策を実行しました。彼女たちの治世に関する記録は、女性が権力を握る危険性を戒めるために、残酷さを強調し、誇張した内容になっています。毒は、女性が政治に不適格で、腐敗しており、邪悪だというレッテルを貼るストーリーの一部となっています。

LIVE OR DIE
BUT DON'T
POISON
EVERY
THING
— ANNE
SEXTON

第5章 怒りと復讐

生きるか死ぬかだったとしても、すべてのものに毒を盛ってはならない。

——アン・セクストン［ピューリッツァー賞受賞詩人］

「復讐という料理は、ほとぼりが冷めたころに出すものだ(Revenge is a dish best served cold.)」ということわざがありますが、これにはおそらく少々の青酸カリを加えてという一言が添えられるかもしれません。恨みを抱く相手に対する報復や復讐の気持ちは、時代を超えてあらゆる犯罪の動機となり得るように思えます。しかし、復讐は怒りとは異なります。復讐は衝動的な犯行ではなく、むしろ煮えたぎる怒りという煮汁で煮込まれ、実行に移されるまでに長い時間を要します。行動に移すとき、その計画は慎重に計算され、吟味されます。特に毒殺による復讐殺人には、独特の残酷さがあります。緻密に計画を立てる必要がある上、遂行を断念する場合も多々あります。凶悪な犯行計画の歯車が最後まで回り続けるとき、それは毒殺者の憎しみの深さを物語っています。

歴史の多くの時代を通じて、女性たちは穏やかで控えめな振る舞いが期待され、子どもたちを優しく育むよう求められてきました。感情を爆発させると、女性は「ヒステリック」とみなされ、これがさらなる行動の制約や自由の制限につながることがありました。女性も男性と同じように怒りを感じるというのに、不満を表現する手段はしばしば奪われてきました。男性は名誉を守るために議論したり、殴り合いや決闘に訴えたりすることができました。男性は声を大にして怒鳴り、自分の意見を主張することが許されていました。一方で女性は、より慎重で状況に応じた行動が求められてきました。

キャサリン・ワトソンは著書*Poisoned Lives: English Poisoners and Their Victims*（毒殺に冒された生涯——イングランドの毒殺者とその犠牲者たち）で、一七五〇年から一九一四年の間のイ

ングランドとウェールズにおける毒殺事件に関して、「男性は仕返しの手段として毒を使用する傾向がある。(中略)対照的に、女性は個人的な侮辱や拒絶を受けた後に復讐のために毒殺を行う。その標的は通常、自分の怒りの対象(通常は男性)や自分に近い人物であった」と記しています。

静かな怒り、そして内に秘めた怒りに対してさえも、毒は完璧な道具となります。それは音もなくこっそりと食べ物や飲み物に混ぜることができるからです。殺人者は一切の音を立てずに復讐を果たし、誰からも疑われることはありません。

もちろん、誰かを毒殺しても良い結果は生まれませんし、この章で取り上げる話はどれも幸せなものではありません。毒殺者たちは英雄ではなく、悪女として知られるようになりました。まるでディズニー映画に登場する悪女全員を集めたかのようです。しかし、不当な扱いを受けた際には反撃もしていました。これは、女性に受動的な役割を求める男性主導の社会の規範に挑戦する行為でした。女性毒殺犯たちは、特に社会の既成の秩序を覆すかもしれないと恐れられ、しばしば不公平で偏見に満ちた噂の犠牲になりました。読者の皆さんが彼女たちの恐ろしい毒殺計画について読んでスリルを感じたとしても、非難されることは何もありません。よく言われるように、「蔑ろにされて怒り、バッグに殺鼠剤を持っている女性ほど恐ろしいものはない」のです。

ド・ブランヴィリエ侯爵夫人

父親と兄弟のせいで恋人が投獄されたとき、高貴な出自のド・ブランヴィリエ侯爵夫人は復讐を誓いました。家の使用人たちの助けを借りて父と兄弟を毒殺し、その資産を奪いました。ド・ブランヴィリエ侯爵夫人は一六七六年に処刑されました。このような毒による復讐事件が、後にフランスで発生した「アフェール・デ・ポワゾン（毒物調査事件）」へつながるきっかけとなりました。

ド・ブランヴィリエ侯爵夫人が一六七六年に逮捕・有罪判決を受けるまで、フランスの人々はあまり毒について考えていませんでした。彼らは、毒は狡猾な隣国イタリアの問題だと思い込んでいたのです。もちろん、それは間違いでした。毒は何世紀にもわたって、すべての大陸であらゆる人々によって使用されてきました。しかし、高貴な出自のド・ブランヴィリエ侯爵夫人が復讐と自らの欲望のために父親と二人の兄弟を毒殺したと自白したとき、国王も含めたすべての人々が、毒という暗い陰謀のもとでは誰もが安全ではないという現実に直面しました。彼女の行動は自らの破滅を招いただ

Marquise de BRINVILLIERS

WHEN HER FATHER AND BROTHERS HAD HER LOVER IMPRISONED, THE HIGH-BORN MARQUISE DE BRINVILLIERS VOWED VENGEANCE. WITH THE HELP OF HOUSEHOLD SERVANTS, SHE POISONED THEM AND COLLECTED THEIR MONEY. IN 1676 SHE WAS EXECUTED. HER ACTIONS LED TO THE AFFAIR OF THE POISONS IN FRANCE.

けでなく、フランス国内に大混乱を引き起こし、有名な「アフェール・デ・ポワゾン（毒物調査事件）」の発端となったのです。

一六三〇年、マリー・マドレーヌ・マルグリット・ドブレーは裕福な家庭に生まれました。父親のアントワーヌ・ドリュー・ドブレーは、パリ市の司法官という高給に恵まれた要職を含む、さまざまかつ立派な経歴の持ち主でした。マリーは二一歳のとき、貴族のアントワーヌ・ゴブランと結婚し、二人はド・ブランヴィリエ侯爵、そして侯爵夫人という高貴な称号を得ました。ベネデッタ・ファエディ・ドゥラミーの論文 *Women and Poisons in 17th Century France*（一七世紀フランスの女性と毒）では、ヒュー・ストークの著作 *Madame de Brinvilliers and Her Times 1630–1767*（ブランヴィリエ夫人と彼女の時代 一六三〇－一七六七）を引用し、マリーの新しい夫が放蕩者のギャンブラーで「道徳観念はなく、さらに悪いことに強い個性にも欠け、水のように弱く、砂のように不安定だった」と述べています。

マリーを失望させた夫が、軍隊時代の旧友で魅力的なゴーダン・ド・サント・クロワを自宅に招待したとき、サント・クロワは旧友の妻と隠すこともなく情熱的な不倫関係を始めました。この公然の不倫は、名門ドブレー家にとって恥辱でした。父親と兄弟たちは、この不名誉な関係を終わらせるよう懇願しましたが、マリーは家族の評判を守ることになど興味はありませんでした。それまで夫の愚行に耐えてきたのだから、今度は自分が望むように行動する番だと考えていました。

マリーの父は、サント・クロワを逮捕するために王の直筆の命令書である「レットル・ド・カシェ

（秘密勅書）」を要請しました。恋愛中の二人は、ブランヴィリエ侯爵夫人の馬車にいたときに衛兵に止められました。サント・クロワは逮捕され、バスティーユに連れて行かれました。わずか六週間の拘留でしたが、マリーは父親の強引で敬意を欠いた行動に激怒しました。彼女の父は、自らの行動によってまさに自分の娘を強力な敵に変えてしまったのでした。そして、そのことをずっと後悔し続けられるほど、長くは生きられなかったのです。

The Affair of the Poisons: Murder, Infanticide, and Satanism at the Court of Louis XIV（毒物事件――ルイ一四世の宮廷での殺人、幼児殺し、悪魔崇拝）において、アン・サマセットはブランヴィリエ夫人の犯した罪の詳細について記述しています。そこには、「後の記録によると、マリーは父親を復讐のために殺した。恋人が投獄されたのが『悔しかったから』だという」と書かれています。また別の日に問われると、マリーは少し考え込んだ後、「人は誰かを怒らせるようなことを絶対にしてはならないのです。もしサント・クロワがバスティーユに入れられていなければ、何も起こらなかった」と語ったとされています。

サント・クロワが刑務所を出るとすぐに、二人は復讐を計画し始めました。バスティーユにいる間、サント・クロワは偶然そこに収監されていた有名な毒物専門家、エグジリと出会ったと言われています。なんという確率でしょうか！

サント・クロワは、エグジリから毒の秘密を学んだと主張しました。この新たに得た知識を試すため、彼は実験用の研究室として建物を借りました。

マリーはその完璧な毒を自分の父親に使いたかったため、サン・クロワが作った致死量の毒を焼き菓子に混ぜて公立病院の患者に配ったと言われています。マリーはそれぞれ毒の効果を注意深く観察し、その結果をノートに記録していたとされています。サマセットは、この噂が真実である可能性は低いものの、マリーが処刑されるときまで広く信じられていたと述べています。

一六六六年には、毒の準備も完了し

ていました。マリーと彼女の恋人は、マリーの父の食事に少しずつ毒を混ぜるため、彼の家に使用人を配置しました。しかし、事を確実に遂行するためには、ときに自ら手を下す必要があります。マリーは最終的に「二八回か三〇回、自分の手で父に毒を盛った」と自白しました。父は衰弱し、ひどく苦しんだ末に亡くなりました。マリーは、復讐の成功と同時に、相続を心待ちにしていました。当時、マリーは侯爵夫人として財政的に苦しい状態にありました。夫の無謀なギャンブルと恋人の浪費により、彼女の莫大な富は急速に減少していたのです。そして、父の死後、新たに得られた財産もわずか四年で使い果たしてしまいました。

マリーはその後、自分の兄弟たちと彼らの財産を標的にしました。父が自分の不倫を非難したときに、兄弟たちが父の味方をしたことを片時も忘れていなかったのです。マリーとサン・クロワは新しい使用人、ラ・ショセを雇い、内部の手引き役としました。ラ・ショセは、前の使用人よりも有能に見えました。彼がマリーの兄の家に派遣されてから、時間をかけた綿密な毒殺計画が始まりました。

兄の方が先に亡くなり、その後弟も同じ症状で一六七〇年に亡くなりました。マリーはこの時点で、兄弟たちの遺言状に自分の名前がないことを知り、他の方法で追加の資金を探さなければならないと気づいたようです。マリーはその後、姉と義姉を財産目的で毒殺することを考えました。マリーは後に、自分の夫を何度も毒殺しようとしたが後悔し、解毒剤を与えて健康を取り戻させるために看病したと自白しました。

サン・クロワは一六七二年に亡くなりました。これはマリーの姉と義姉にとって幸運なことでした。サン・クロワの死によって、マリーは彼女たちを毒殺する機会を失ったからです。多くの人々は彼の死が事故だったと考えています。暗い研究室での実験で何か間違いが遭ったのではないかと。しかし、より可能性が高いのは長期にわたって何か病気を患っていたということでしょう。いずれにしても、マリーにとっては非常に不幸な出来事でした。サン・クロワは彼女の秘密をすべて知っていましたが、死者がときには秘密を明かすことがあることが判明しました。彼は多額の借金を背負ったまま亡くなったため、財産は債権者への支払いのために査定されました。所持品の中からは、犯罪を思わせるような奇妙なものが数多く見つかりましたが、なかでも特に異様だったのは、中に毒がぎっしりと詰まった小箱でした。サン・クロワはそのうえにメモを残し、小箱の中身はすべてブランヴィリエ侯爵夫人のものであり、彼女に返されるべきだと記していました。

マリーはパニックとなり、自分の名前が記されており、毒がいっぱいに詰められた小箱を当局から取り戻そうと何度も試みましたが、失敗に終わり、ますます疑いの目を向けられることになりました。この新情報が明るみに出ると、マリーの兄の未亡人は当局に連絡し、夫の死についての調査を求めました。それを悟ったマリーは逃亡しました。

マリーが不在のうちに、使用人のラ・ショセが裁判所に連れてこられ、共犯者を白状させるために、拷問を受ける判決が下されました。脚を粉砕する装置での拷問の後、使用人はついに折れ、ドブレー兄弟殺害への関与を認めました。真実を明かしたにもかかわらず、その後ラ・ショセの状況は、さらに悲惨なものとなっていきました。生きたまま車輪でひき殺されるという、特に残虐な方法で処刑されることになったのです。大きな車輪に縛り付けられ、ムチで激しく打たれ、死ぬまで放置されるというものでした。

マリーは運命から逃れるため、限界まで逃亡を続けました。ヨーロッパ各地を転々としながら、どこにも長く留まることはありませんでした。しかし最終的に、フランス領ベルギーのリエージュにある修道院で部屋を借りたことが致命的なミスとなりました。一六七六年に逮捕され、フランスに引き渡されて裁判にかけられたマリーは、尋問中、この一連の事件の多くを、一切の異議を唱えられない亡き恋人のせいにしました。結局、彼女は有罪と判断され、拷問の後に処刑されることが決定しました。マリーにはほんの少しの「情け」がかけられました。火あぶりの刑にされる前に斬首されることになったのです。得られるものは何であれ受け取るしかありません。

ブランヴィリエ侯爵夫人が受けることになったのは、水責めという特殊なやり方でした。これには「通常尋問」と「特別尋問」という二つの形式がありました。「通常尋問」では、全裸にされ、足は床に、手は背後の壁に鎖で固定され、体が不自然に後ろに反るようにされました。そして、毒殺事件に関する尋問中に、一〇パイント（およそ四・七リットル）という大量の水が喉に流し込まれたのです。それに続く「特別尋問」では、同じ拷問がより過激に繰り返されました。身体がさらに強く後ろに反らされ、もっと大量の水が強制的に喉に注がれたのです。

しかし、どちらの拷問も必要ありませんでした。拷問が始まる前に、マリーは自ら父親と兄弟たちを毒殺した張本人であることを自白しました。マリーは、自分は拷問によって命を落とすと思い込んでいましたが、結局は処刑の日まで生き延びることとなりました。彼女のような富と地位を有する女性がこれほど邪悪な行為に手を染めたとは信じられないと多くの人々が感じ、最期を見届けるために集まりました。警察長官のガブリエル・ニコラ・ド・ラ・レイニエは、「こんなにも立派な家柄の出身で、見た目も繊細で優しそうな小柄な女性が、一体なぜこんなことを？」と述べたと言われています。

処刑の直前に、マリーは見物人全員を震え上がらせるようなことを言いました。「なぜ私だけが死刑にならなければならないのか？　罪を犯した人間は他に大勢いるのに（中略）。［それに］この町に住む人々の半分が同じような犯罪に関与している。私が話せば、彼らを破滅させることもできる」彼女のこの発言は、パリにおける毒物取引に多くの人々が関与していることを示唆し、動揺が広がりました。これによりルイ一四世は、シャンブル・アルダンテと呼ばれる調査機関を再設立することになります。この法廷では、三六七件の逮捕命令が下され、三六件の処刑が行われ、パリの毒使いを一掃しようとしました。これには、第1章で登場したラ・ヴォワザンも含まれていました。

マリー・マドレーヌ・ドブレー、ブランヴィリエ侯爵夫人は一六七六年に公開処刑され、その後彼女の遺体は火に投げ込まれました。彼女の灰と共に、空気中に漂ったのは、至る所で毒を使った殺人計画が進行しているという、目に見える恐怖でした。ドブレー家のような名門家庭でさえ安全でないのなら、誰もが危険に晒されているということです。ブランヴィリエ侯爵夫人は自分の父親と兄弟への復讐を望んでいただけでしたが、彼女の行動は人々の安全に対する感覚を深く揺さぶりました。

ティリー・クリメック

ポーランド系アメリカ人のティリー・クリメックは、自分は霊能力者であり、人々の死を予知でき

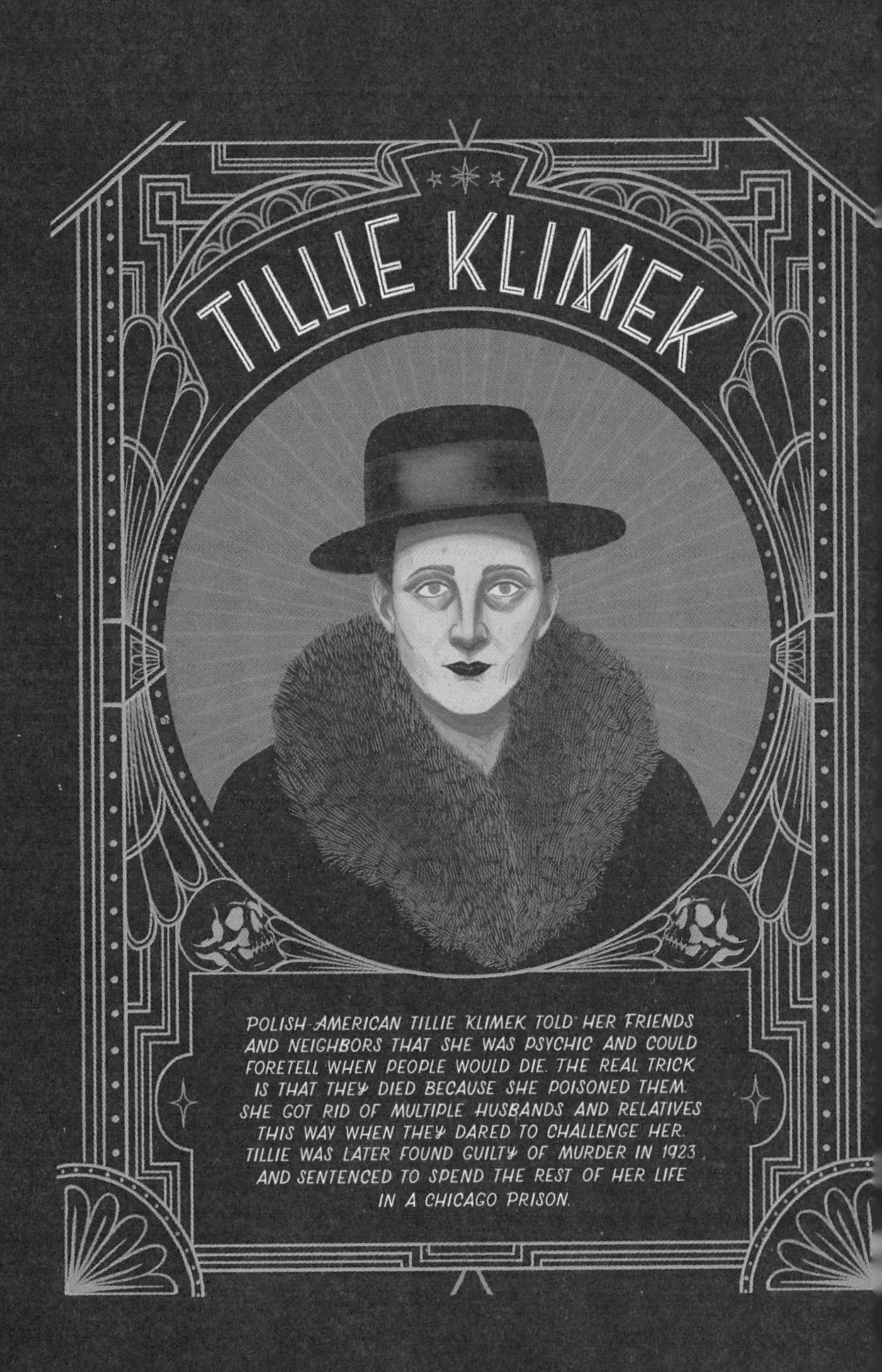
TILLIE KLIMEK
POLISH-AMERICAN TILLIE KLIMEK TOLD HER FRIENDS AND NEIGHBORS THAT SHE WAS PSYCHIC AND COULD FORETELL WHEN PEOPLE WOULD DIE. THE REAL TRICK IS THAT THEY DIED BECAUSE SHE POISONED THEM. SHE GOT RID OF MULTIPLE HUSBANDS AND RELATIVES THIS WAY WHEN THEY DARED TO CHALLENGE HER. TILLIE WAS LATER FOUND GUILTY OF MURDER IN 1923 AND SENTENCED TO SPEND THE REST OF HER LIFE IN A CHICAGO PRISON.

ると友人や隣人に語っていました。しかし、種明かしをすると、彼らが死んだのは、実はティリーが毒を盛り、殺していたからでした。彼女はこのようにして、自分に疑いを持って異議を唱えた夫たちや親族らを排除しました。ティリーは後の一九二三年に殺人で有罪とされ、シカゴの刑務所で残りの生涯を過ごすことになりました。

ブランヴィリエ侯爵夫人とは異なり、ティリー・クリメックは裕福でも権力があるわけでも、美しいわけでもありませんでした。自称、驚異的な霊能力で、近所の人々を驚かせ、恐れさせました。特定の人が死ぬ正確な日を予言することができたのです。

ティリーのトリックは実際それほど巧妙なものではありませんでした。彼女が周囲の人々の死期を知っていたのは、自分が彼らに毒を盛っていたからです。なんてことでしょう！　さらに、ティリーは自分を苦しめる人、自分に異を唱える人、または単に自分の人生から排除したい人への復讐に毒を使いました。ティリーとそのいとこのネリーは、約二〇人もの不幸な犠牲者を生み出したと言われています。

ティリー・クリメックは、一九二〇年代のシカゴで裁判にかけられた女性殺人犯の中では特に悪名高い存在ではありませんでした。彼女の裁判は、Cが三つ続いてゴロが良いことで有名なクック郡裁判所で行われました（ミュージカル「シカゴ」をご存知の方なら、クック郡と聞けばあるメロディをハミングで口ずさむかもしれません)。当時の新聞は、もしティリーの容姿がよかったなら、殺人の罪を逃れる可能性がずっと高かった、とはっきりとした論調で報じています。シカゴ・トリビューンの記者は、「彼女が美容院に行っていなかったために、最終的に刑務所行きとなった」と述べています。

オティリア「ティリー」グブレックは一八七六年、ポーランドで生まれました。幼少期に両親と共にアメリカに移住し、シカゴ北西部の「リトル・ポーランド」と呼ばれる地域に定住しました。彼女はここで人生の大部分を過ごしました。ティリーの最初の結婚前についての詳細はほとんど知られていません。ジョンまたはジョセフ・ミトキエヴィッチという名の人物(複数の夫の名が、記録によって「ジョン」と「ジョセフ」のどちらかの名前で交互に記載されているということです)と結婚しましたが、一九一四年にその夫が亡くなる前に、特定の日に彼が死ぬという予知夢の話で、近所の人の興味を引いていました。その予言通りの日、夫は重病になり、夜には亡くなりました。ティリーは亡くなった夫の生命保険から約一〇〇〇ドルを受け取り、ブラックウィドウとしての道を歩み始めたのです。

カーラ・デイビッドソンの著書 *Black Widow Tillie Klimek*(ブラックウィドウ、ティリー・クリメック)によれば、ティリーが「ブラックウィドウ」としての人生を歩み始めたのは、三〇代半ばになってからでした。最初の夫が亡くなった数か月後、彼女は次の夫、ジョセフ・クスコウスキーと結婚しました。彼もまた、ティリーが予言した日に亡くなりました。このときは、ことがさらにうまく運び、現金一二〇〇ドルに加え生命保険の七二二ドルが手に入りました。ジョセフの死後はジョン・グスコウスキーという恋人がいましたが、彼はティリーを捨てたと言われています。それが間違いでした。伝えられるところによると、ティリーはジョンに対し、他の男性を殺したことがあるので自分に従ったほうがいいと言ったとされていますが、彼は屈せず、反対に警察に行くと脅しました。ティリーに異を唱えたジョンが、もはやこの世に長くはいられないことは誰にでも予測できたでしょう。

ティリーは次に、一九一九年に三番目の夫、フランク・クプチックと結婚しました。彼はティリーお得意の美味しいシチューを好んでいたようです。ティリーは料理が得意なことで有名でした。

もちろんこのシチューには、彼が気づかない秘密の材料、少量のヒ素が含まれていました。ティリーは、死の床にあるフランクを嘲笑ったと言われています。一九二五年のニューヨーク・デイリーニュースの記事には、フランクとティリー夫妻と同じ建物に住んでいた、フローレンス・ビアリング夫人からの奇妙な話が詳しく記されています。フローレンスによると、ティリーは死の淵にある夫の寝室で魅力的な新しい帽子を作りながら、これをあなたのお葬式でかぶるのよ、と不気味につぶやいていたそうです。同じ記事によると、「また別の証人は、毒殺犯ティリーが棺桶をバーゲンセールで三〇ドルで購入し、迫りくるクプチックの死に備えて保管していたと証言した」と述べています。ティリーは不幸な夫に棺桶を購入したことを伝え、セールのチラシを夫の顔の前でひらひらと振りながら、「お金のやりくりが上手でしょ」と自慢したと言われています。ビアリング夫人によれば、ティリーの夫が病床にある間、彼女はフォノグラフ［当時一般的なレコードの再生装置］でジャズレコードをか

け、大声で歌いながら楽しんでいたということです。

　ティリーの四番目であり最後の夫は、彼女の「毒の宴」に終止符を打った人物でした。ジョセフ・クリメックと出会ったのは、亡くなったばかりの彼女の夫の葬式という、なんとも「ロマンチックな」状況でした。ジョセフの周りの友人や親戚は、予知能力を持ち、幸薄そうに見えるティリーとの関係をそれ以上進めるのには慎重になった方がいい、と警告しました。しかし、ジョセフは、葬式で被っていたティリー自作の魅力的な帽子に引きつけられたのか、あるいは、彼女の優れた料理の腕前や、棺桶を割引で手に入れたという話に魅了されたことで、彼女に惹かれていったのかもしれません。

一九二一年、ジョセフが手足のしびれを感じ、ひどい体調不良を訴えたとき、彼の兄は彼に病院へ行くことを強く勧めました。医師はジョセフの苦しんでいる症状はヒ素中毒だと診断しました。ジョセフは三か月間入院し、なんとか一命をとりとめましたが、この辛い経験の結果、足に麻痺が残ってしまいました。

ティリーは一九二二年一〇月二六日、夫への殺人未遂容疑で逮捕されました。逮捕時、彼女は警官に「次に夕食を作ってあげたいのはあなた」と言ったと伝えられています。当初、尋問中に自分の無実を主張していたティリーですが、すぐにジョセフに毒入り食事を提供したことを自白しました。ヒ素はいとこであり隣人のネリー・コウリックから入手したと供述しました。翌日、ネリーも逮捕され尋問を受けました。さらに、この二人の女性の親戚や友人たちは警察に手紙を送り、ティリーと「いとこK」とメディアに報じられた女性と食事をした後に発生した連続不審死について情報を提供し始めました。

警察の捜査が彼女の過去の事件にまで及ぶと、亡くなった夫たちの遺体を掘り起こすようにとの命令が出されました。ティリーの最初の二人の夫の遺体からはヒ素が発見され、なかでもフランク・クプチックの遺体には「四人殺すのに十分な量のヒ素」が検出されたということです。さらに、ネリーが世話していた親戚たちも不審な死を遂げていたことが明らかになりました。新聞はティリーとネリーによる犯行が疑われる犠牲者のリストを発表し、それぞれの死にどちらが関与しているかを記載しました。一九二二年一一月一九日、シカゴ・トリビューン紙は二人の女性による被害者と見られる推定二〇人のリストを掲載しました。このリストには、ティリーの四人の夫と元恋人、そしてティリーと口論したことで不幸な結果を招いた複数の親戚が含まれていました。

その中には、ティリーと彼女の予知能力に疑問をもったことで口論になった、いとこのローズ・チュドジンスキも含まれていました。彼女は一九一九年に死亡しました。また、一五歳から二三歳の間の若いいとこたち、ザクジェフスキ三姉妹もいました。この三姉妹は、ティリーが彼女たちの母親と口論した後に死亡しました。さらに、ティリーの家で食事をした後に体調を崩したものの、その後回復した親戚も複数いました。また、ある女性、ローズ・スプリット夫人は、ティリーからもらったキャンディを食べた後に病気になったことから、あれはティリーの夫と話していたことへの復讐だったのではないかと述べています。

また、ネリー・コウリックによるとされる被害者たちもいました。ネリーはティリー・クリメックの物語の中でしばしば脇役にされがちですが、彼女も複数の殺人に関与し

ていた可能性が示唆されています。ネリーはティリーよりも人懐っこく、メディアに対しては、写真撮影前には身だしなみを整えるなど伝統的な女性らしさを見せていました。その結果、ティリーほど激しい非難を受けることはありませんでした。ネリーの最初の夫、ヴォイチェク・ステルマーは一九一八年に死亡し、後に遺体が掘り起こされたときには、体内からヒ素が検出されました。ネリーの双子の子どもたち、ソフィーとベンジャミンも父親の死の一年前に亡くなり、ネリーの孫娘ドロシーも彼女の世話をしている間に死亡しました。

ティリーとネリーが、互いの悩みを打ち明け、使用していた殺鼠剤を共有し、相互に殺人を手助けし、それぞれの犯行を隠す様子が容易に想像できます。

ティリーとネリーは共謀していた可能性がありますが、彼女たちは別々に裁判にかけられました。ティリーのジョセフ・クリメックへの殺人未遂とフランク・クプチックへの毒殺未遂に関する裁判は、一九二三年三月六日に開始されました。男性陪審員のみで構成された陪審団により有罪と判断されたティリーは、クック郡で終身刑を受けた最初の女性となりました。一方、ネリーは子どもたちが有罪の証拠を証言したにもかかわらず、訴えられた罪状に関して無罪とされました。

一九二七年にこの事件について振り返る記事を書いたジャーナリスト、ジェニビーヴ・フォーブスは、ジャズ時代のシカゴでどんな女性が非難されやすく、どの女性がそうでないかという明確な傾向があったことを指摘しました。

「ティリーは太った短身のポーランド出身の農民女性で、四五歳ながら五五歳に見える容姿でした。ふくよかな体つきに、大きな手と足を持ち、地味な茶色の髪を後ろで束ねていました。どんなに巧みに言葉を使いこなせても、どんな状況にあったとしても、彼女は魅力的で憂いを帯びた、あるいは快活な女性の仲間入りをすることはありませんでした。そういう女性たちなら、引き金を引いても笑顔で罪から逃れることができたのですが」。

ティリーは一九三六年一一月二〇日にジョリエット刑務所で亡くなりました。彼女の作ったシチューを食べた近隣住民や親戚の中で実際に彼女に毒殺された人が何人いたのかは、私たちが知ることは決してないでしょう。実際、ティリー・クリメックの行動の背後には複数の動機があったようです。*Testing Existing Classifications of Serial Murder Considering Gender: An Exploratory Analysis of Solo Female Serial Murderers*（性別を考慮した連続殺人の既存分類の検証――単独女性連続殺人犯に関する探索的分析）という記事によると、彼女が自分の利益のために夫を殺害していたのは確かですが、怒り（自分を捨てた恋人）や復讐（自分に異議を唱えた、いとこたち）のためにも殺害していたことが示唆されています。ティリーは多くの「毒」を持った複雑な女性でした。

ティリーは自分が正しいと思われたかったのです。誰かが彼女の意見に反論したり彼女をけなしたりすると、その復讐としてその人が死ぬ日を予言し、その当日に殺害しました。そうすることで自分の正しさを証明するしかなかったのです。ティリーはその容姿のせいで刑務所行きを免れることはできませんでした。外見は単なる皮膚の表面に過ぎませんが、毒はもっと深く、その途中ですべてを破壊しながら体内に浸透していきます。

フランセス・ハワード・カー

フランセスは、名門ハワード家の生まれですが、愛人と結婚するために夫との結婚を破棄してジェイコビアン朝を揺るがしました。彼女の愛人は、国王のお気に入りであり、恋人だった可能性もあるロバート・カーでした。しかし、一人の男性、トーマス・オーバリーが、フランセスが望むものを手に入れようとして進む道を阻みました。オーバリーはロンドン塔に収監され、苦しみながら死亡しました。フランセスは一六一六年に裁判でオーバリー毒殺への関与を自白しました。

一七世紀初期のイングランド、ジェイコビアン朝の宮廷で最大のスキャンダルは、ある女性の恋愛と、その女性の邪魔をするという過ちを犯した一人の男にまつわるものでした。フランセス・ハワー

FRANCES WAS A MEMBER OF THE POWERFUL HOWARD FAMILY WHO ROCKED THE JACOBEAN COURT WHEN SHE ANNULLED HER MARRIAGE TO HER HUSBAND IN ORDER TO MARRY HER LOVER. HER LOVER WAS ROBERT CARR, WHO WAS THE KING'S FAVORITE, AND POSSIBLE LOVER. BUT ONE MAN, THOMAS OVERBURY, STOOD BETWEEN FRANCES AND WHAT SHE WANTED. HE ENDED UP IN THE TOWER OF LONDON WHERE HE DIED IN AGONY. FRANCES CONFESSED TO HER INVOLVEMENT IN HIS POISONING IN COURT IN 1616.

ド・カーは、愛を貫いて結婚するため、解消できない結婚の束縛から抜け出すための都合の良い方法を見つけました。彼女は最終的に、自身の計画を破綻させかねない男性を毒殺したことを告白しました。当時人気のあった風刺詩では、彼女を「妻、魔女、毒殺者、そして売春婦」と表現していました。それでもフランセスは、自分を抑え込もうとする体制に対して見事に復讐を果たしましたが、それによって彼女は社会にとっての脅威となりました。

フランセスは一五九〇年代初めに、名門ハワード家に生まれました。名声を高めたいと考えた父親は、子どもたち全員を政略結婚させる話をまとめました。結婚式当日、フランセスは一三歳で、新郎である第三代エセックス伯ロバート・デヴァルーは一四歳でした。幸運なことに、若い二人が夫婦として生活を共にするのは数年間先延ばしにして、先に教育を完了させることが最善とみなす意見に、皆が同意しました。ロバート・デヴァルーは慣例に従ってヨーロッパ留学に行き、若きフランセスは宮廷に赴きました。この時期のフランセスについては多くの噂がありますが、デビッド・リンドリーは著書*The Trials of Frances Howard: Fact and Fiction at the Court of King James*（フランセス・ハワードの試練――ジェームズ王の宮廷における事実とフィクション）で、私たちが正しいと思っている多くのことが伝聞であることや、彼女を悪者にしたいと思う人たちが書いた話に基づいている、と読者に注意喚起しています。

夫が不在の間、フランセスはヘンリー王子と不倫関係にあったとされています。しかし、それは彼女が若くハンサムなロバート・カーに出会う前までの話です。カーは国王のお気に入りで、またたく間に昇進し、権力と名声を手にしていました。歴史家たちはこの件について遠回しに取り扱い、明確に述べることは避けているものの、カーと国王は恋人関係にあった可能性が示唆されています。カーの成功に便乗していたのは、彼の友人であり、さらに恋人の可能性もあるトーマス・オーヴァーバリーでした。

宮廷において、カーはその外見の魅力で活動を象徴する存在であったのに対し、オーヴァーバリーは頭脳を活かした役割を果たしていました。国王がお気に入りのカーに責任の重い仕事を任せるにつれて、カーはその役割を果たすことが困難になり、結果的に多くの実務をオーヴァーバリーが担うことになりました。高い教養を持ち、作家兼詩人でもあったオーヴァーバリーは、カーを一〇代の頃から知る存在であり、二人はますます権力を持ち、共に騎士に叙され多くの特権を得ました。オーヴァーバリーの傲慢さは宮廷で不人気でしたが、国王に愛されているカーによって守られていました。

フランセスは、恋人を次々とコレクションのように手に入れるロバート・カーに目を向けました。これは通常の恋の「三角」関係ではなく、欲望の「菱形」や性の「台形」とも呼べるいびつな関係でした。カーは若きフランセスの気持ちに愛情を持って応え、ハワード家はカーがデヴァルー伯よりも格上の相手だとして喜んでいました。ただ問題が一つありました。フランセスは、すでに結婚していたのです。一七世紀のイングランドで結婚から逃れることが許されるただ一つの方法は死別でしたが、もう一つ極端な方法がありました。多くは世間の目と恥辱を恐れて避ける手段ですが、フランセス・ハワードはあえてその道を選びました。一六一三年に夫の性的不能を理由として最初の結婚の無効を求める裁判を開始したのです。

法律では、結婚後三年間性交渉がなければ、その結婚を無効にできると定めていました。リンドリーは、「夫の性的不能の問題を提起したことで、フランセス・ハワードは自らが開始した訴訟で貶めた男性の権威をさらに失墜させた」と説明しています。リンドリーはさらに、「しかし、彼の性的不能を問題視することにより、フランセス・ハワードは一般男性の不安も呼び起こし、それが彼女に対する敵意を生み、その後の記録の中で定着してしまった」と付け加えています。

夫には身体検査は行われませんでしたが、フランセスは自身の処女性を証明するための検査を受けさせられました。宮廷内で複数の情事に及んだという噂があったため、宮廷の多くの人はこの検査のことを嘲笑しました。フランセスは慎みを保つために重いベールを着用して検査に臨みましたが、これは影武者をこっそり入れる策略ではないかと疑う者もいました。しかし、最終的には五人の家政婦長と二人の助産師から成る委員会が、彼女が処女であり、性交渉や出産に耐えうる健康な状態であると判断しました。一方でカーに恋人が大勢いたことは公然の秘密でしたが、フランセスが公に処女性を証明しなければならなかったことは、女性、性、そして「美徳」に対する長年の二重基準を浮き彫りにしています。

オーヴァーバリーは、友人であり恋人であり、自分の経済的支援者であるカーがフランセスと結婚しようとしていることに公然と反対しました。フランセスが実際に離婚を認められ、二人の再婚が現実味を帯びると、オーヴァーバリーは彼女に対する悪意ある噂を流し始め、彼女を卑劣で不潔な女性だと非難しました。これは当然、フランセスを激怒させる結果となりました。オーヴァーバリーはまた、この件でカーと怒鳴り合いの口論となり、それは使用人たちも耳にしていました。嫉妬していたのか、恋人兼友人であるカーを失うことを恐れていたのか、あるいはカーから得ていた権力を失うことを懸念していたのかは定かではありません。もしかすると、単にフランセスが好きではなかったのかもしれません。フランセスとカーの不貞行為をオーヴァーバリーが知っていれば、最初の結婚の解消を妨げる力を持っていました。オーヴァーバリーはすべてを台無しにすることができましたが、フランセスはそれが現実になることを決して許すつもりはありませんでした。

　次に起きた出来事の背後にある計画の首謀者が誰であったかははっきりしません。その計画を立てたのはフランセスかカーだったかもしれませんし、あるいは二人が共謀していたのかもしれません（なんとも問題行動の多いカップルです）。また、ハワード家が一族のつながりを強化するために陰謀を企てた可能性もあります。しかし、誰かがオーヴァーバリーを排除するためにロシア大使の地位を提案するというアイデアを思いつきました。彼がその提案を受け入れれば、結婚の計画に干渉するにはあまりにも離れた場所にいることになるでしょうし、拒否すれば王に対する不服従で投獄されてしまいます。どちらにしても問題は解決されます。オーヴァーバリーはその地位に就くことを拒否し、その結果、王によってロンドン塔に投獄されました。次なる一手として、ハワード家はオーヴァーバリーの監視員を自分たちの手配した人間に置き換えることにしました。彼らはジャーヴェイス・エルウェス卿をロンドン塔の副司令官に任命し、フランセスの友人アン・ターナーの使用人であるリチャード・ウェストンをオーヴァーバリーの看守にすることで、計画を進行させたのです。

フランセスとターナー夫人は、怪しげな人物である薬局のジェームズ・フランクリンのところへ行きました。ジェームズは後に法廷で、フランセスとターナー夫人が彼から毒を数種類購入したと証言しています。彼女たちはその毒を食事やお菓子に混入させ、カーの贈り物だと偽ってオーヴァーバリーに送りました。フランクリンによれば、「オーヴァーバリーの食事には絶えず毒が混ぜられていた」とのことです。オーヴァーバリーはひどく体調を崩しましたが、この状態が王の同情を引き、恩赦を得るきっかけになるかもしれないと期待していました。彼は信頼する友人であるカーに手紙を送り、助けを求め続けました。カーは、友人であり敵でもあるオーヴァーバリーに対し、できることはすべて行っていると安心させましたが、実際には何も行動を起こしていませんでした。

オーヴァーバリーがフランセスから送られた毒入りのタルトやゼリーを食べた後、王は彼の様子を確認するため医師を派遣しました。当時、囚人たちの間で便秘が一般的な問題だったため、浣腸は珍しい治療法ではありませんでした。医師たちは浣腸を用いて体内の有害な物質を除去しようとしていたのです。

言い伝えによれば、フランセスは薬局の助手に二〇ポンドを支払い、通常の浣腸液の代わりに腐食性の亜鉛、すなわち水銀を医師に渡すよう依頼しました。水銀中毒は、激しい嘔吐や下痢、脈拍の低下、呼吸困難などを引き起こし、最終的には死に至ることがあります。結局は、浣腸に混入された毒が効果を発揮したのです。一六一三年九月一四日に亡くなる前、オーヴァーバリーは激しい苦痛に苛まれていたと思われます。彼の体は疱瘡（ほうそう）やかさぶたでひどく損傷しており、極めて「不潔」な状態にあったため、可能な限りすみやかに埋葬されました。

都合のいいことに、フランセスの最初の結婚の無効化はその約一週間後に認められました。すべてがフランセスにとって順調に運んだのです！　フランセスとカーはその年の一二月に結婚し、王は彼らにサマセット伯爵および伯爵夫人の称号を授けました。フランセスは自分の望みを叶えるために毒入りケーキを仕込み、オーヴァーバリーはその「ケーキ」の犠牲となったのです。しかし、この復讐による勝利は長くは続きませんでした。約二年後、オーヴァーバリーの死に関する疑念が王の耳に入り、王は調査を開始しました。これは政治的な動機があった可能性もあります。カーに敵対する者たちが彼を失脚させたいと考えており、王はすでに新しいお気に入り、ジョージ・ヴィリアーズという男に称号や望みのものを与えていました。

一六一五年一〇月から一二月にかけて、毒殺計画への関与が疑われた人々が次々と裁判にかけられ、処刑されましたが、これは裕福でも貴族でもない者たちに限られていました。リチャード・ウェストン、ターナー夫人、サー・ジャーヴェイス・エルウェズ、ドクター・フランクリンは、一連の裁判で有罪と判断され、絞首刑にされました。一方で、サマセット伯爵と伯爵夫人が告発されたのは事件の共犯者としてでした。実際には、彼らが計画の主導者であり、他の人々は指示に従っていただけだったため、この裁判の結果は非常に不公平に映ります。

フランセスは罪を認め、犯行に対する全責任を負いました。ロバート・カーは自身の無罪を主張しましたが、夫婦は共に有罪と判断され、絞首刑を宣告されました。しかし、彼らの地位、権力、財力、そして関係者の助力により、二人は救われました。この事件に関与したとされる多くの人々が処刑された一方で、フランセスとカーは助命され、ただ称号を剥奪された後、ロンドン塔に送られました。フランセスはまだ、自分が多くを賭けて愛した男を深く愛していましたが、彼の方はもはやその愛に報いるつもりがなく、自分が失った多くのものについて憤り続けていました。

一六一六年にフランセスは恩赦を受けましたが、カーは一六二五年まで投獄されていました。フランセスは一六三二年に子宮癌で亡くなり、カーは一六四五年に死去しました。今では「オーヴァーバリー事件」として知られるこの一件の遺物として、トーマス・オーヴァーバリー自身が書いた詩、A Wife（あるひとりの妻）があります。この詩では、男性が結婚を決意する前に女性が持つべき美徳が述べられており、フランセスへの明確な非難とカーへの警告として解釈されています。

フランセスは、恋愛感情を利用され、家族に操られた単なる駒に過ぎなかったのでしょうか。それとも、彼ら全員を手玉に取り、自らの野心を胸に社交界を駆け上がった強者だったのでしょうか。真実は定かではありません。しかし確かなのは、彼女が既存の慣習に歯向かい、多くの男性の内に潜む恐怖を引き出し、毒入り浣腸で敵を殺したとされることで風刺や冗談の対象となった女性であるということです。

蠱毒を盛る者

一七世紀の中国におけるある医師の記述によると、中国最大の民族グループである漢民族の男性たちに対し、国の南部に住む非常に恐ろしい女性たちが作り出す危険な毒に関する警告がなされていいました。これらの女性たちは、復讐心と悪意を持って、訪れる漢民族の男性たちに毒を盛ることで知られていました。これらの女性たちは男性たちの去り際に次にいつ戻るかを尋ね、男性が約束通りに戻った場合は解毒剤を渡したとされています。しかし、男性が戻らなければ、女性たちが与えた「蠱毒」が男性を体の内部から蝕んでいくと言われていました。

「蠱」という概念は複雑で、直訳は難しいものです。中世以来、中国で記述されてきたこの概念は、時間を経て進化し、多様な意味を含むようになりました。これには毒、魔術、虫、誘惑、悪魔などが含まれています。蠱の漢字は、容器の中に三つの虫または昆虫が描かれており、これは毒の製造過程の伝説を反映していると同時に、人間の体を、悪魔の力を含むあらゆるものが入り得る器として捉える考え方を示しています。基本的に蠱は、害を与える目的で使用される一種の黒魔術であり、恨みを抱く女性たちによってほぼ独占的に作られていると言われています。

蠱毒作りは、毒蛇、サソリ、ムカデなど、さまざまな恐ろしい爬虫類や昆虫を集めることから始まります。これらを一つの瓶に入れ、地中に埋めるのです。伝承によれば、この作業は旧暦の五月五日に行うのが最適とされています。瓶の中では、閉じ込められた生き物たちの間で壮絶な戦いが繰り広げられ、最終的には互いに他を食い尽くします。その戦いはお互いの毒を吸収しながら、極めて有毒な最後の一匹だけが生き残るまで続きます。想像してみてください。ある一匹の蛇やサソリが別の有毒な生き物を飲み込み、さらにその生き物もまた、もっと有毒な生き物を飲み込んでいるという光景

✕ 第5章——怒りと復讐 ✕

を。それは、異なる動物の組み合わせからできた強力な毒素が混入された毒入りターキーダックン［アメリカの料理で、鶏をアヒルに詰め、さらにそれを七面鳥（ターキー）に詰めたもの］のようなものです。埋められてから最長一年後に瓶は掘り起こされ、生き残った生物は粉末にされ、食べ物や飲み物に混ぜて使われます。

一六世紀の医師、徐純福は、この神秘的な毒の効果について詳細に記述しています。彼は蠱毒による被害について警告しました。被害者は腹部と心臓に激しい痛みと膨張を感じ、毒によって臓器をむしばまれるのだと。つまりは悪魔のような虫に内臓を猛烈に食いつくされるのだと説明しました。徐純福は、被害者が毒を盛った蠱毒使いや蠱毒の魔女に頼らなくても済むように、十数種類の解毒剤、または解毒剤として使用できる可能性のあるものについて述べています。

ノーマ・ダイアモンドの論文 *The Miao and Poison: Interactions on China's Southwest Frontier*（苗族と毒――中国南西部国境地帯の相互作用）では、この毒が主に女性によって独占的に作られていたこと、また慎重な旅人がこの致命的に危険な物質を扱う者を見分ける方法が存在したことが述べられています。また、二〇世紀の民族学者陳國群の調査結果が引用されており、その中で、蠱毒を扱う女性の特徴について言及されています。陳の聞き取り調査によれば、これらの女性は肌が黄色っぽく、黄疸を帯び、赤い目をしており、常にかゆみに悩まされていたとされています。重要なのは、これらの症状はまた、他のさまざまな病気や痛みに苦しむ人たちの症状と同じだったということです。そして、そういった病気を患うのは、受けられる医療が限られていた貧しい人々でした。

毒を防ぐ方法として、旅人は先端に銀が施された箸を携帯することがありました。箸の先が食べ物に触れた際に色が変われば、その食べ物に毒が盛られているのは確実だと判断し、急いでその場から離れなければなりませんでした。空腹であっても、死ぬよりはマシです。もう一つの警告としては、ある人の家が異常に綺麗な場合、その人が蠱の製造者である可能性が高いとされていました。また、蠱毒によって犠牲者が死亡すると、その人の財産はすべて毒殺者に移り、その霊はその女性のしもべとなるとも言われていました。これはそのような女性にとっては非常に有利な取引に思えます。

歴史学者と毒物学者は共に、蠱毒が実際には存在しないという点で意見が一致しています。それにもかかわらず、この考えは地域文化の違いや女性の自由への恐れから生まれた伝説として、何百年もの間広まり続けました。マータ・ハンソンの著書*Speaking of Epidemics in Chinese Medicine: Disease and the Geographic Imagination in Late Imperial China*（中国医学における疫病への言及——中国帝国時代後期における疾病と地理的想像力）は、蠱の神話が広く信じられるようになった経緯を説明しています。ハンソンは、「南方へ領土を広げた漢民族が苗族からかなりの抵抗に遭い、蠱毒について新たな幻想を生み出した。これにより、南方の女性、つまり苗族として言及された女性が漢民族の男性を蠱毒で毒殺するという連想が、一世紀後の一七三〇年代に、より明確に表現されるようになった」と述べています。

ダイアモンドによれば、中国の人類学者は一九三〇年代から一九四〇年代まで蠱の存在を信じていました。また、彼女の著書では、「蠱の魔法の形態は伝説的には苗族の起源とされているが、実際には漢民族による創造物であり、その起源は古代にさかのぼる。（中略）この用語は少なくとも三〇〇〇年以上前に文献に登場し、毒入りの壺は復讐や魔術の道具、あるいは富を得る手段として、過去二〇〇〇年以上にわたり、さまざまな文献で繰り返し言及されている」と書かれています。

時代が進むにつれて、蠱毒は国の南部に住む女性たちとより強く関連づけられるようになりました。「苗」という言葉は、大まかに「野蛮人」を指す俗語です。これは、近代初期の中国人が雲南省や貴州省のさまざまな地域の異なる地域集団を指すために使用した言葉でしたが、そこに住む人々自身はこの言葉を、自分たちを指すためには使用しておらず、蠱という概念は彼らの文化の一部ではありませんでした。

一九世紀に印刷された一連のスキャンダラスな絵や写真には、「苗族」の女性たちが、中国で女性に期待される伝統的な行動に反した振る舞いをする様子が描かれていました。例えば、大きく脚を開いていたり、公共の場で男性と歌ったり踊ったりし、自分の結婚相手を自分で選び、家庭の役割や家事に限定されることなく、より広く社会活動に参加したりしていました。こうした描写を漢民族の女性が目にすれば、彼女たちも自由を求める可能性があるという懸念がありました。毒物の神話を広め続けることは、これらの「他者」に対する恐怖と敵意を煽る手段だったのです。

蠱毒の恐ろしい神話は、特に農村の南部の女性を悪者に仕立てる口実として利用されました。ある地域で予期せぬ死が発生したとき、スケープゴート(たいてい年老いた貧しい女性)を探し出して、その悲劇の責任を負わせるというのはよくあることでした。一部の女性は火あぶりにされるなど、ヨーロッパやアメリカの魔女裁判で処刑された女性と不気味なほどよく似た運命をたどっています。南部の女性と危険な黒魔術と誘惑を結び付けることは、差別を助長する「燃料」となりました。女性が恋人に捨てられた際に蠱毒を使用して復讐する伝説は、女性を魔術と結びつけ、女性に関連する広範で世界的なテーマと一致しています。

女性と毒の関連性は、本章に出てきたようなストーリーによって発展し、女性が暗い陰謀を巡らせて敵に対抗する姿を描いています。女性たちは毒をまき散らしながら狂気じみた笑い声を上げ、自分の好意を拒絶したり、自分に従わない男性を罰したりする姿が描かれています。女性が復讐のために毒を使うというシナリオは、男性の間に途方もない恐怖とパニックを引き起こしました。これは女性が罪を犯すだけでなく、伝統的な女性の役割や社会的慣

習をも崩壊させる可能性があることを意味していました。マリー・ド・ブランヴィリエの行動はフランスのアフェール・デ・ポワゾン（毒物調査事件）へとつながり、中国南部の女性による蠱毒の伝説は、何世紀にもわたりこうした女性たちに対する恐れと偏見につながりました。フランセス・ハワード・カーは、婚姻制度に対抗し、婚姻の無効化と再婚を果たし、自分の行く手を阻もうとした男性に毒を盛りました。ティリー・クリメックとマリー・ド・ブランヴィリエは、自分に異議を唱えた最も身近な人たちを殺しました。こうした女性の伝説は、女性が蠱毒を使って恋人を毒殺すると信じられるような神話や物語の誕生につながりました。怒りと復讐の物語では、最後に笑う者はいませんでした。傷ついた人々が他の人々を傷つけ、悪循環が続いていったのです。

IT SEEMS TO ME, THAT
Love
COULD BE
LABELED
Poison
AND WE'D DRINK IT
anyways.

—Harper Lee

第6章 愛と執着

私にとっては、愛は毒とも呼べるもの。どちらにしても飲み込んでしまっている。

――ハーパー・リー［アメリカの小説家］

史上最も偉大な愛の物語の一つ、シェイクスピアの『ロミオとジュリエット』では、毒が重要な役割を果たしています。タイトルにもなっている若い恋人たちは、互いに敵対する家族の間で引き裂かれながらも、一緒にいたいと切望していました。そのために（ネタバレ注意）ジュリエットは仮死状態になる特別な薬を飲むことで、親の決めた結婚から逃れ、密かに愛するロミオと再会する計画を立てます。しかし悲劇的なことに、この計画がロミオに伝わっておらず、愛する人が「死んだ」と知ったロミオは毒を手に入れ、ジュリエットの隣で命を絶つ決意をします。その後、二人にとって事態はさらに悪い方向へと展開していきます。この有名な戯曲は通常、複雑な策略と毒の使用に関する警告とはみなされないかもしれませんが、私はこの特徴的な韻律の行間に隠された、もう一つの教訓を読み取っています。

愛と殺人というテーマには多くのバリエーションがあります。典型的なのは「配偶者を毒殺して愛人と一緒になる」というパターンです。また、「満足できないパートナーを毒殺し、自由に再婚できる道を開く」というケースもあります。そして、あまり一般的ではありませんが、「自分が愛する人の配偶者を毒殺して、その人を手に入れることができるようにする」という例もあります。愛の三角関係(そしてより複雑な愛の幾何学的関係)においては、毒が「振りかけられる」可能性は無限にあるのです。

歴史上の多くの時代において、結婚(及びそれに伴う性別に基づいた役割分担)は、共同体の存続に不可欠なものとされてきました。女性の多くは、家族が選んだ相手と結婚せざるを得ず、その理由は多くの場合、感情よりも財政的なものでした。結婚は必要でしたが、愛はそうではなかったのです。しかし、時には結婚という枠を超えた愛(あるいは単なる欲望)が芽生えることもあり、そのことが複雑な事態を招きました。

キャサリン・ワトソンは著書 *Poisoned Lives: English Poisoners and Their Victims*(毒によって奪われた命——

年にかけてのイギリスの統計を分析し、次のように指摘しています。「結婚生活が破綻に至った夫婦が直面する財政的、法的、社会的制約を鑑みれば、毒殺犯の二五パーセントが配偶者の殺害または殺害未遂で告発される理由は明らかだ。相思相愛でありながら障害によって叶わない思いや、遂げられない恋愛による深い悲しみは、強い動機となり得る」と述べています。

離婚という選択肢が存在しなかった時代には、不幸な結婚から逃れて、待ち受ける愛人の腕へ飛び込む唯一の方法は死別でした。男性が婚外で情事にふけることはしばしばあることでしたが、女性にはそれが許されず、女性がそのようなことをした場合は社会秩序に対する脅威とみなされました。男性を毒殺する女性も間違いなく脅威であり、不倫をする女性の毒殺犯は二重の意味で危険な存在でした。愛は人間の最良の部分を引き出すことがありますが、執着は最悪の部分を引き出すこともあります。そして毒が関わると、状況はシェイクスピアの悲劇要素が含まれた、悲惨なものへと急激に変化することがあります。

ナニー・ドス

ナニー・ドスは、陽気でおしゃべり好きな女性でしたが、一一人を毒殺した容疑がかかっていました。救いがたいほどのロマンチストで、常に理想の男性を探していました。相手が理想に合わないと悟ると、その人の食べ物やコーヒーに殺鼠剤を混ぜることで知られていました。何件かの殺人を自白し、一九五五年に終身刑を宣告されました。

愛のために、人は予期せぬ行動を取ります。ある事例では、この「予期せぬ」行動には、国境を越えて移住し、名前を変え、ある人と共同生活を送り、そして夫のコーヒーに少量の殺鼠剤をこっそりと混入させることが含まれていました。ナニー・ドスは恋愛をこよなく愛する女性でした。新しい恋の相手に出会うことを想像するだけで、胸が高鳴り、ワクワクする気持ちになっていました。救いようのないほどのロマンチストで、恋愛小説や雑誌で読んだ理想の愛を信じていました。恋に落ちると、人間の脳は多くのドーパミン、すなわち「気分が良くなる」ホルモンを放出します。その化学物質が消

The Lonely Hearts Killer

Nannie Doss

The Giggling Granny

NANNIE DOSS WAS A CHEERFUL, CHATTY WOMAN SUSPECTED OF POISONING ELEVEN PEOPLE. SHE WAS A HOPELESS ROMANTIC WHO WAS ALWAYS ON THE SEARCH FOR MR. RIGHT AND WAS KNOWN TO ADD RAT POISON TO THEIR FOOD OR COFFEE WHEN SHE REALIZED THEY WERE MR. WRONG. SHE CONFESSED TO SEVERAL MURDERS AND WAS SENTENCED TO LIFE IMPRISONMENT IN 1955.

えてなくなると、ナニーは別の化学物質、つまりヒ素を混入させていました。

一九五五年の逮捕時、ナニー・ドスは五〇歳近くになっていました。流行の巻き髪にし、キャッツアイメガネ[目尻側が上がった形のメガネ]をかけ、温かく明るい笑顔をたたえていた彼女は陽気で、魅力的で、お調子者でした。冗談を言うのも得意で、新聞はナニー・ドスのことを「笑うおばあちゃん」と呼び、愉快で可愛らしい肩書きは、一一人を殺害した疑いがあるという事実を忘れさせるようなものでした。

一九〇五年、ナンシー・ヘイズルはアメリカ・アラバマ州ブルーマウンテンで生まれ、五人きょうだいの長女として育ちました。父親は農家で、幼い頃から彼女に農場での厳しい労働をさせていました。父は厳格な人物で、娘たちに派手な服装や化粧、踊りに行くことなど、若い女性が喜ぶようなことをすべて禁じていました。この一風変わった若きヒロインは、恋愛雑誌で読んだような夢のようなストーリーに熱中し、白馬に乗った王子様のごとき理想の夫が現れ、自分を颯爽と連れ去って馬の世話から解放してくれることを夢見ていました。

ある日、家族で親戚を訪れるために列車に乗っていたとき、急停車により七歳のナニー[ナンシーの愛称]は前方にあった金属の柱の部分に激しくぶつかり、重度の脳震盪を起こして、一時的に意識不明となりました。この事故以降、ナニーは頭痛や気分の波に苦しむようになりました。後に、自分の一部の犯罪行為がこの頭部の怪我が原因だと主張することになります。

農作業の苦労から逃れるために、ナニーは一五歳のときにリネン工場での仕事を見つけました。そこで一七歳のチャーリー・ブラッグスと出会い、結婚したいと告げられました。驚くことに、厳格な父親もチャーリーとの結婚を認めたのです。ナニーは自分が恋愛小説で読んだことがすべて実現し、両親の家を離れ、仕事がきつくて退屈な農場から逃げ出せると思うと有頂天になっていました。

ナニーは、チャーリーの母親が同居することを知り、驚きました。この母親はナニーの父親と同じくらい厳格で支配的な人物で、新婚生活はナニーが夢見ていた華やかで落ち着いた暮らしとはかけ離れていました。一九二三年から一九二七年にかけて、ナニーは四人の娘を出産しましたが、その間に結婚生活は徐々に崩壊し始めます。ナニーとチャーリーは互いに不貞を疑い（根拠のない疑いというわけでもなく）、ナニーは四人の子ども、夫、そして厄介な義母ブラッグスの世話をしなければならないストレスで精神的な限界に達していました。

ナニーは料理と焼き菓子作りの腕前でよく知られていましたが、一九二七年のある日、真ん中の娘二人が突然亡くなったのです。死因は食中毒と診断されました。チャーリーは、娘たちの不審な死に妻のナニーが関わっているのではないかと疑い、長女メルヴィーナを連れて家を出ていき、ナニーと赤ん坊を気難しい母のもとに置き去りにしました。しかし、ナニーが病気の義母ブラッグスと一緒に過ごす期間は長くは続きませんでした。義母はその年の内に亡くなったのです。チャーリーが帰ってきたのは和解するためではなく、ナニーを自分の家から追い出すためでした。ナニーは生き残った二人の娘を連れ、自分の両親の家に戻って、離婚届に喜んでサインしました。

間違いなく、最初の結婚は失敗でした。そのことをナニーは自覚していました。しかし、ナニーにはもう一度やり直し、夢の男性を見つけるチャンスが残っていました。少女時代に夢中になっていた独身男女向け雑誌のコラムをまた読むようになり、そこに広告を出していた男性たちに手紙を書き始めました。気に入った男性が現れると自分の写真を添えて返事を書き、さらに彼らを魅了するために手作りの菓子を同封しました。一九二九年、ナニーはロバート・フランクリン・ハレルソン（愛称「フランク」）から手紙を受け取ります。二二歳の彼は工場で安定した仕事に就いていて、映画スターのような容姿をしており、ナニーが夢見るような詩的なラブレターを書いてよこしました。この人だと確信するのにそれ以上のことは必要ありませんでした。二人は二か月以内に結婚し、ナニーは娘たちを連れてジャクソンビルのフランクの家に引っ越したのです。

熱烈な求愛の手紙と贈り物でナニーを魅了していたフランクでしたが、実は重要な事実を伝えるのを怠っていました。彼が重度のアルコール依存症であり、暴行の罪で服役していた経験があるということです。その隠された事実は「理想的な王子」の魅力を台無しにするものでした。ナニーはフランクの飲酒癖と暴力に一六年もの長い間耐え忍びました。一方で、娘たちは成長し、結婚してそれぞれが自分の家庭を築いていきます。長女のメルヴィーナにはロバートという息子が生まれ、続いて女の子も授かりましたが、不幸にもその赤ちゃんは生後間もなく亡くなりました。出産後のもうろうとした状態の中で、メルヴィーナは自分の母が赤ちゃんに「何か」をしていたように見えたと証言しました。その後、ナニーが孫のロバートを預かっているときに、ロバートが突然死するという悲劇が起こりました。死因は窒息と判断されましたが、それ以上の調査は行われなかったのです。

一九四五年のある日、フランクは第二次世界大戦の終結を祝うために仲間たちと外出し、酒を飲んで賑やかに過ごしすっかり酔っ払って夜に帰宅するとナニーに迫りました。ナニーは抵抗しましたが、フランクから無理やり押し倒されてしまいます。その後、眠っているフランクを見ていて、ナニーはどうしようもない怒りが込み上げ、ある計画を練り始めたのです。フランクが庭に密造酒の瓶を埋めていることを知っていたナニーはそれを掘り起こし、殺鼠剤を混ぜて元の場所に戻しました。ほどなくしてフランクは、こっそりその酒を少し飲んだ後、倒れて死に至りました。死因は明らかに急性アルコール中毒だとみなされたため、誰も疑うことはありませんでした。ナニーはフランクの生命保険金を受け取り、自分の土地を購入しました。これはありがちな話に聞こえるかもしれませんが、キャサリン・ラムスランドは著書 *The Human Predator: A Historical Chronicle of Serial Murder and Forensic Investigation*（人間の捕食者——連続殺人と法医学調査の歴史的年代記）で、ナニー・ドスが裁判で「愛のためにやった」と主張し、その行動が

「人生の真のロマンス」を求めるものだったと述べています。お金は、彼女にとっては単なる副産物に過ぎなかったのです。

フランクの死後、ナニーは再び以前よく読んでいた独身男女向けのコラムに目を向けました。四二歳になり、今度こそは違うはずだと、年を重ねてより賢くなった自分を信じていたのです。ナニーが出した結婚相手募集広告にノースカロライナ州レキシントンのアーリー・ランニングから返事が来て、彼はすぐにナニーの三番目の夫となりました。しかし、ナニーが狼狽したことに、アーリーも酒を飲むことを好み、他の女性と遊ぶ癖がありました。彼が酔って帰宅したり、夜が明けても帰宅しなかったりすると、ナニーはしばらく町を離れることで自分の意思をはっきりと示しました。ナニーが戻ると、夫は悔い改め、もうこんなことはしないと約束しました。しかし、酒癖と女癖は直らず、同じことが数年間何度も繰り返されたため、ナニーは最終的に夫の食事に殺鼠剤を振りかけ、結婚生活に終止符を打つことにしました。アーリーの死因は心不全とされましたが、本当に心が壊れたのはナニー自身だったのです。

ナニーは、今度は別の方法を試してみようと思い、ダイヤモンドサークルクラブというお見合いグループに参加しました。そこでカンザス州のリチャード・モートンと出会い、一九五二年に結婚。ルイジアナ州のシュリーブポートタイムズ紙によれば、リチャードは新婚の妻に夢中になり、デートクラブの運営者に「私たちは出会い、幸せに結婚しました。彼女は愛らしくて素晴らしい人です」と書き送り、二人の名前を会員名簿から削除するよう依頼したということです。リチャードは大酒飲みではなかったものの、女たらしで有名であり、ナニーは夫の不貞を許すことができませんでした。結局、モートンはナニーが仕込んだ殺鼠剤入りのコーヒーを飲んで命を落としました。

リチャードが埋葬されてからわずか一か月後、ナニーは五番目で最後の夫となるオクラホマ州タルサのサミュエル・ドスと結婚しました。サミュエルは他の男性とは異なるタイプでした。教会通いを欠かさず、飲酒もせず、他の女性と付き合うこともありませんでした。一見、ナニーが長年求めていた幸せな結婚生活のように思われましたが、実際はどうだったのでしょうか。同シュリーブポートタイムズ紙によれば、「ナニーはすぐにサミュエルに飽きた」と報じられています。彼女は「サミュエルはあまりにも信心深すぎて、テレビを見たり雑誌を読んだりするのも一切許されず、早く寝ろと言われる」と不満を漏らしたということです。サミュエルの真面目すぎる性格はナニーにとっては退屈そのものでした。彼女は夫のためにプルーンの煮込みを作り、そこに殺鼠剤を混ぜ込みました。後に料理について「彼は本当にプルーンが好きだったわ」と語ったということです。このプルーン煮込みで夫は二三日間の入院を余儀なくされましたが、回復して帰宅したためナニーは失望しました。それゆえ問題点を修正し、今度はコーヒーに大量のヒ素を加え、ついに夫を葬ったのです。

サミュエルが病院で治療を受け、回復する姿を目のあたりにしていた医師は、大変ショックを受けました。戻ってきた彼を見たのが、今度は検視室だったからです。この医師はナニーに解剖の許可を求めたところ、どういうわけか彼女は承諾したということです。

　五八歳のサミュエルの体内からは「馬を殺すのに十分な量の毒」が見つかりました。ナニーが逮捕されると、彼女の親戚は警察に電話をかけて、数十年にわたりナニーの周囲で起こっていた他の不審死についても報告を始めました。

　ナニー・ドスを尋問した担当官は、自らのキャリアの中でも最も奇妙と言える経験をしたといいます。シュリーブポートタイムズ紙の記事によると、「彼女は夫を殺したヒ素について何も知らないと容疑を否認する間、常に陽気な態度を崩さなかった。（中略）尋問中ずっと冗談を言い、クスクスと笑いながら話していたが、いかなる罪も認めなかった」と報じられています。しかし後にナニーはついに観念し、サミュエルの毒殺を自白しました。他の夫たちの遺体も掘り返されると、ヒ素の反応が確認されました。この情報を突きつけられたナニーは狡猾なことに、自分の五人の夫のうち四人を毒殺したことを認めました。しかし、実際には

家族を含めて一一人近くを殺害した可能性が高いと言われています。捜査官は十分な証拠をつかんでいたため、ナニーは夫、サミュエル・ドスの殺害で起訴されました。

「笑うおばあちゃん」や「ロンリーハートキラー（孤独な人を襲う殺人者）」として知られるナニーは、メディアで大いに注目を集めました。インタビューでは多くのことを語り、冗談を言い、カメラマンに笑顔を見せ、色目を使ったりしていました。サミュエルが亡くなる直前にも複数の男性と文通しており、男性たちは自分が次の犠牲者になる前にナニーが捕まってくれて幸運だったと胸をなでおろしていました。これほどの長い間、殺鼠剤を使って事件を起こしながらも、彼女はまだ理想の男性を探していたのです。最終的にサミュエル・ドスの殺害で罪を認め、一九五五年に終身刑を宣告されました。インタビューでタルサのマカレスター刑務所での生活について問われると、ナニーは自分が洗濯作業にしか配属されず、やりたかった刑務所厨房での仕事をさせてもらえなかったことに不満をもらしていたといいます。ナニーは厨房での仕事が禁止されていましたが、その理由は明らかですね。一九六五年六月二日、彼女は刑務所内の病院で白血病のため亡くなりました。

ナニーのおばあちゃんらしいイメージやおしゃべりで陽気な性格を考えると、殺人のような恐ろしい行為とはどうしても結びつかないものです。愛想がよく、美味しいケーキを焼くことができても、その人が殺人者である可能性は否定できません。理想のパートナーを見つけたら彼女は殺人をやめたのでしょうか、それともどのパートナーも結局は彼女を失望させ、恋愛雑誌や本に描かれるような恋愛をしたいという期待を満たせなかったのでしょうか。ナニーはよく知らない男性と短期間で恋愛関係に陥り、彼らが自分が思っていたような人物でないことに傷ついていました。物語のようなロマンスを求めたのに、最終的には恐ろしい犯罪小説のような結末を迎えたのです。

クリスティアナ・エドマンズ

クリスティアナ・エドマンズは一八七〇年代にイギリスのブライトンで、既婚の医師に恋をし、その医師の妻をストリキニーネを混ぜたチョコレートで毒殺しようとしました。そのうえ自分に疑いがかからないようにするため、さらに多くのチョコレートに毒を盛り、大勢の人たちに配りました。毒殺計画はエスカレートし続けましたが、最終的に彼女は逮捕されました。そして残りの人生をブロードムーア精神病院で過ごすよう宣告されたのです。

子どもの頃、おそらくお母さんから「知らない人からお菓子をもらってはいけません」と教わったこ

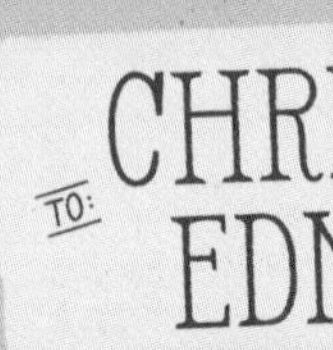

TO: CHRISTIANA EDMUNDS

CHRISTIANA EDMUNDS FELL IN LOVE WITH A MARRIED DOCTOR IN 1870S BRIGHTON, ENGLAND. SHE ATTEMPTED TO POISON THE DOCTOR'S WIFE WITH CHOCOLATES LACED WITH STRYCHNINE. TO CAST SUSPICION AWAY FROM HERSELF, CHRISTIANA POISONED MORE CHOCOLATES AND DISTRIBUTED THEM TO THE MASSES. HER POISONING PLANS CONTINUED TO ESCALATE UNTIL SHE WAS CAUGHT AND SENTENCED TO SPEND THE REMAINDER OF HER LIFE IN THE BROADMOOR ASYLUM.

とでしょう。これは、「知らない人からの危険」から子どもたちを守るための重要な言いつけでした。例えば、イギリスのブライトンで、子どもたちに毒入りチョコレートを配っていた上流階級のヴィクトリア朝の女性、クリスティアナ・エドマンズのような人物から身を守るためです。彼女は夢中になっていた既婚男性から良く思われたい一心で、自分の失敗を挽回する計画の一部として大勢の人々を毒殺しました。報われない愛と愛する男性からの拒絶が引き起こした恐ろしい連鎖が、クリスティアナが「チョコレートクリームキラー」として知られるようになる事件へと導いたのです。

一八二八年、クリスティアナは建築家として成功していたウィリアム・エドマンズとその妻アンの間の第一子として誕生しました。父ウィリアムの仕事はうまく行っていたため、五人の子どもたちは優れた教育を受け、家族は比較的贅沢な暮らしぶりでした。しかし、クリスティアナが一〇代の頃にすべてが変わりました。父親の行動に明らかな変化が現れ、精神的に不安定で暴力的になったのです。最終的に、父は精神病院に入院させられることに決まり、一八四七年、クリスティアナが一九歳の時に亡くなりました。その数年後、クリスティアナのきょうだいも同様の運命をたどりました。周囲の評判や精神疾患に対する差別から逃れるため、クリスティアナの母はすべてを売り払って家族でカンタベリーへ引っ越しました。

クリスティアナの生涯と犯罪について詳細に記述した著書 *The Case of the Chocolate Cream Killer: The Poisonous Passion of Christiana Edmunds*（チョコレートクリームキラーの事件――クリスティアナ・エドマンズの有

毒な情熱)で、著者ケイ・ジョーンズはクリスティアナが不安症、感情の昂ぶり、麻痺の発作に悩まされる傾向があったと説明しています。このため彼女は、ヴィクトリア時代に女性特有の神経症状とされていた「ヒステリー」と診断されました。医師たちは、ヒステリーが子宮に起因すると考えていました。古代ギリシャの哲学者プラトンは、子宮が女性の体内を不規則に動き回り、さまざまな問題を引き起こすと信じていました。この「さまよう子宮」という考えは、何世紀にもわたり医学界の定説でした。四〇歳近くになりながらも未婚だったクリスティアナは、母と共に再び引っ越し、今度はブライトンへ移住しましたが、そこでも彼女は扱いにくい子宮を持っていると診断されたのです。

ヴィクトリア朝の社会では、女性が独身であることは大きな罪だとされていました。結婚、出産、家事が女性の生きる理由だと考えられており、これらを成し遂げられないのは不自然なことだと他人に思われていたのです。*Female Poisoners of the Nineteenth Century: A Study of Gender Bias in the Application of the Law*(一九世紀の女性毒殺犯——法の適用におけるジェンダーバイアスの研究)という論文でランダ・ヘルフィールドは、「結局のところ、独身女性ほど哀れで悲劇的な存在はなかった。統計によると、一〇〇人の女性のうち三〇人が独身女性、つまり『余った女性』と呼ばれていた」と述べています。しかし、クリスティアナは自分の独身生活が終わることを確信していました。なぜなら、ついに運命の人に出会ったと思っていたからです。

クリスティアナが心を寄せていたのは、近くに住む親切な医師、チャールズ・ビアードでした。ビアード医師はクリスティアナとの間に友人関係を築き、彼女を自宅で開かれる社交的な集まりに招待したりしていました。クリスティアナはその感謝の気持ちとして、彼に愛情を込めた手紙を何通も書き送っていました。

ただ、問題が一つありました。ビアード医師は幸せな結婚生活を送っており、五人の子どもがいたのです。ビアード医師とクリスティアナの間の本当の関係は明らかになっていませんが、一般にはクリスティアナが一方的にビアード医師に熱をあげていたと考えられています。ビアード医師はクリスティアナの気持ちを礼儀正しく受けとめつつ穏やかにかわしていたか、あるいは好意を向けられることを楽しんでいたようで、少なくとも初めのうちはそれを拒んではいなかった可能性があります。二人の関係性がどうだったのかは不明ですが、実際にはクリスティアナの想像の産物だった可能性があります（そしておそらくその可能性が一番高いと思われます）。

一八七〇年九月、ビアード医師が外出中のある日、クリスティアナは彼の妻エミリーと親睦を深めるために彼らの自宅を訪れました。良い友人さながら、地元で人気のスイーツ店、「メイナード」のチョコレートを持参しました。クリスティアナはエミリーに、「これは美味しいから」と強くチョコレートを勧め、直接彼女の口に一つ放り込むほどでした。ふとした何気ない行動でした。しかしエミリーはそのチョコレートが思いもかけない金属のような味がするのを感じ、ぎこちない笑みを浮かべながら吐き出しました。その夜、エミリーは唾液の過剰分泌と下痢に苦しみました。ビアード医師が帰宅した際にこの奇妙な出来事を伝えたところ、ビアード医師は即座にクリスティアナを疑いの目で見るようになりました。

ビアード医師は、妻を毒殺しようとしたのではないかと、自分に好意を寄せるクリスティアナを直接問い詰めました。しかし、疑われたことに憤慨し、傷ついた様子のクリスティアナは、自分もその汚染されたチョコレートの被害者であり、食べた後に病気になったと主張。危険な商品を販売したチョコレート店、メイナードを激しく非難し始めたのです。しかし、ビアード医師は納得せず、クリスティアナとの友人関係を完全に断ち切りました。打ちのめされたクリスティアナは、異常な計画を練り始めます。自分が話したことが実際に起これば嘘ではなくなると考え、他の人々もメイナードのチョコレートを食べて重い病気になるよう仕向けようと決意したのです。

クリスティアナは、「ヴィクトリア時代に生きた、恋愛に夢中なのに希望を失った、遺伝的に精神病の傾向を持つ独身女性ならやってしまうかもしれないある行動」に出ました。メイナードからチョコレートクリームをいくつか購入し、それに毒を混ぜ込んで、後に子どもたちに配ったのです。これは、エミリー・ビアードに対する事件の責任をメイナードに転嫁し、ビアード医師との友情関係を取り戻すための計画でした。一三歳の少年、ベンジャミン・コールトロップは、自分から新聞を買ったベール姿の女性からスイーツの袋を受け取ったということです。また、ウィリアム・ハリウェルという少年は、自分の家族が経営する店に同じ女性がチョコレートの袋を置いていった後、それを食べてひどく具合が悪くなりました。九歳のジェシー・ベーカーも、見知らぬ女性からもらったキャンディを食べて、三日間嘔吐し続けました。ただ幸いなことに、子どもたちは皆、回復しました。

クリスティアナにはもっと毒が必要でしたが、問題が一つありました。彼女のような人々が危険な物質を手に入れることを防ぐため、イギリスではそのわずか三年前に、ある法案が可決されていたところだったのです。一八六八年の薬局法は、犯罪を企てる者がこれらの危険物質を入手しにくくなるよう、毒物販売のルールを一層厳格化することを目指していました。その結果、毒物の販売は医師、薬剤師、または登録薬局に限られ、販売は販売者が個人的に知っている人、または販売者と購入者の両者に知られている第三者の立ち会いがある場合にのみ許可されていました。また、毒物購入時には、購入者の名前、住所、署名が毒物登録簿に記録されることとなり、必要に応じて後に捜査官が追跡できるようになっていました。

これを知ったクリスティアナは、偽名とでっちあげのストーリーを用意して薬剤師のアイザック・ギャレットを訪れました。ヒルサイドのウッド夫人だと名乗り、庭が猫に荒らされているので、猫を退治するためストリキニーネが必要だと説明しました。ギャレットは、ベールを被った猫嫌いの女性のことがよくわからなかったので、不安を感じ、薬局法に従って取引を監視する証人を立てることを要求しました。

クリスティアナは近くの帽子屋に行き、身元をさらに曖昧にするため、ベールをもう一枚入手し、帽子屋の店主に薬剤師の店での毒物購入の証人になるよう依頼しました。帽子屋の店主は要求を断る理由が思いつかずそれを承諾したため、結果的にクリスティアナは偽名で毒物帳に署名し、ストリキニーネ10グレーン（およそ六五〇ミリグラム）を手に入れて店を出ました。

ある意味、クリスティアナが毒物としてストリキニーネを選んだことは幸運でした。無臭無味のヒ素とは異なり、ストリキニーネは非常に苦い味がするため、被害者の多くがチョコレートを少し食べてすぐに吐き出していました。とはいえ、あらゆる毒物の中でも、ストリキニーネは最も苦痛を伴う症状を引き起こします。被害者は激しい痙攣を起こし、最終的には倦怠感または窒息で死に至るのです。「ウッド夫人」は、さらに多くのストリキニーネを求めてその後薬局を二度訪れました。

クリスティアナは、今後もっと賢く効率的に行動しなければならないと判断し、自らチョコレートを購入して配るというやり方を変えることにしました。そして、使い走りの少年たちに、メイナードの店へチョコレートクリームの袋を取りに行かせることにしました。少年たちが戻ってくると、間違った種類を買ってきたと伝え、毒を盛ったチョコレートと袋を入れ替え、それを返品してくるように指示したのでしょう。こうして毒入りチョコレートが店に戻され、他の商品と交ざってしまい、知らないうちに菓子好きの大衆に出回ることになったのです。

チャールズ・ミラーはメイナードの店でチョコレートクリームを購入し、四歳の甥のシドニーと一緒に食べました。食べた直後にシドニーは具合を悪くし、痙攣し始め、慌てた家族は医者を呼びましたが手遅れとなり、シドニーはチョコレートを食べてから二〇分以内に亡くなってしまいます。医者は毒物中毒を疑い、警察と検視官に通報しました。シドニーの胃とメイナードのチョコレートの一部がロンドンに送られました。ヘンリー・レスビー博士の化学分析で両方からストリキニーネが検出されたため、ブライトンの検視官はシドニーの死に関する調査を開始したのです。

クリスティアナは、以前にメイナードのチョコレートを食べて具合が悪くなったと苦情を言っていたことから、取り調べに参加するよう要請されました。彼女は自ら捜査に協力し、注目を集めながら自分の計画が進行するのを楽しむタイプの犯罪者でした。最終的に、この子どもの死は事故と判断され、メイナード氏は汚染された可能性のあるチョコレートクリームの在庫を破棄すると述べました。

勝利に喜んだクリスティアナは、自分の潔白が証明され再び友情が生まれることを期待してビアード医師に手紙を書きました。クリスティアナは「私の愛しい人」と書き出し、「先日あなた宛てに手紙を出して以来、私はとても不幸です。あなたと話せない生活はもう耐えられません」と伝えました。手紙の最後には「長い、長いキスを」と書いて署名しました。しかし、その後ビアード医師の訪問を受

けましたが、それは彼女が期待したような温かい和解のためではありませんでした。彼はこれ以上手紙を送らないようにと告げ、最近の手紙を妻に見せたことを伝えました。それを聞いたクリスティアナは取り乱しました。後にクリスティアナの母親は、彼女が部屋を歩き回り「ああ、気が狂いそう！ 気が狂いそう！」と繰り返す姿を目撃したと語っています。

ちょうどこの頃、毒入りチョコレートを食べて亡くなった子どもの父親であるアルバート・バーカーは、匿名の手紙を三通受け取りました。それらはすべて、取り調べの結果に対する批判と、メイナードの疑いを晴らすよう必死に促す内容でした。バーカーは受け取った手紙を警察に持って行きました。警察で捜査を担当したギブスはクリスティアナに疑いを持ち、メイナードのチョコレートに関するさらなる情報提供を求めました。クリスティアナはすぐに詳細を記した手紙を書いたため、ギブスは彼女の筆跡のサンプルを手に入れることができました。

手紙を書き続けていたクリスティアナは、毒を入手するための新しい、もっと簡単な方法を思いつきました。彼女は地元の使い走りの少年たちにメモを持たせ、薬剤師アイザック・ギャレットのもとへ行かせたのです。このメモはクリスティアナが偽造したもので、地元で有名な薬剤師のグレイシアとケンプが、同業者ギャレットにストリキニーネの提供を依頼する内容を偽装していました。このメモを見せられたため、ギャレットは自分の店にあるストリキニーネを少年たちに渡しました。こうしてクリスティアナは、一切苦労することなく毒を届けてもらうことに成功したのです。

クリスティアナが再び薬剤師たちの名前を偽造して、今度はヒ素を求める手紙を送ると、さすがにギャレットも疑念を抱き、メモに書かれていた二人の薬剤師に話を聞きに行きました。そこでギャレットは、彼らがメモなど送っていないことを知って驚愕し、自分は知らない相手に毒を送っていたのだと気づき、慌てて警察に通報しました。しかし、クリスティアナは別の薬剤師にも同じ手口を使って毒を販売してもらおうと考えていたので、ギャレットに疑問を抱かれたところでまったく問題にもしていませんでした。毒入りのチョコレートを作り、多くの人々を病気にしても、まだ彼女が望むような大衆の注目や反応は得られていなかったため、むしろクリスティアナの行動はさらにエスカレートし、もっと多くの人々の注目を引こうと決意したのです。

クリスティアナがしばらく町を離れていた間に、ブライトンの著名な人々が小包を受け取りました。これらの小包すべてには、誰からのものかわからないイニシャルで署名されたメモが添えられ、さまざまなケーキ、タルト、フルーツが詰められていました。この怪しげな小包を受け取った人々にはブライトン・ガゼット紙の編集者、外科医、薬剤師のアイザック・ギャレット、そしてもちろんエミリー・ビアードが含まれていました。翻って、クリスティアナは自身にも箱を送りました。エミリー・ビアードと隣人のエリザベス・ボーイズは、共に小包を受け取り、両方の家の使用人が中身を食べてしまいました。その結果、双方の家の使用人がひどく体調を崩し、医師が呼ばれました。医師は二つの家庭の使用人が非常に似た症状を示していることに驚き、菓子と吐瀉物のサンプルを回収して警察に持って行きました。

警察は市民に情報提供を求める公的な呼びかけを行いました。ビアード医師は自分の妻の命が二度も狙われたので、クリスティアナの自分への執着について警察に話しました。これで警察にも容疑者と動機が明らかになりました。一八七一年八月一七日、クリスティアナが四三歳の時、彼女は拘束されました。筆跡鑑定の専門家が証言し、小包の受取人たちへのメモは確かにクリスティアナが書いたものであると断定しました。毒物学者も証言し、すべてのプリザーブドフルーツ（保存がきくように加工されたフルーツ）にヒ素が混入されており、そのうちの一つには「文字通りヒ素がいっぱいに詰められていた」と述べました。

クリスティアナは当初、エミリー・ビアードへの殺人未遂でのみ起訴されましたが、公聴会が続くにつれ、エリザベス・ボーイズとアイザック・ギャレットへの殺人未遂、さらにはシドニー・バーカーの殺害といった余罪についての容疑も加わりました。

弁護士は、犯行時にクリスティアナが精神異常だったという主張に基づいて弁護を行いました。確かに多くの人が彼女の行動が正気ではないと考えるでしょうが、クリスティアナは法的な精神異常の定義ではグレーゾーンにあるとされました。必要条件を満たすためには、弁護士はクリスティアナが善悪の区別を理解していなかったことを証明しなければなりませんでした。クリスティアナは専門家らで構成される調査団の面談を受けましたが、調査団の一人は「有罪と精神異常の境界線上にいる」と表現しました。彼らはクリスティアナを「道徳的精神異常」と判断しましたが、彼女が精神異常であったかどうかはメディアで激しく議論されました。

クリスティアナの裁判中、新聞記者たちは彼女が示したふてくされた態度について報じました。クリスティアナは自分が置かれている深刻な状況をまったく理解していないようでしたが、その後有罪と判断され、死刑を宣告されました。しかし、後に内務大臣によって、さらに二人の専門家による再検査が命じられました。専門家らは彼女が精神異常だったと結論付け、刑はブロードムーア精神病院での終身保護に減刑されました。注目を集めることを求めていたクリスティアナは、口紅、偽歯、ウィッグを身に着けてブロードムーアに到着したといいます。そしてそこで一九〇七年に亡くなるまで過ごしました。

ブライトンの「チョコレートクリームキラー」の事件は、法制度の二つの大きな欠陥を明らかにしました。一つ目は、毒物の販売に関するさらに厳格な規制が必要であること、二つ目は、法的な精神異常の定義が限られすぎており、精神の健康状態の微妙な差異を反映していないことでした。クリスティアナはおそらく、自分の行動が他人にどのような被害をもたらしているかについて考えることはまったくなかったことでしょう。ビアード医師に執着することだけに気持ちが向いており、他のことはどうでもよかったのです。情熱的な恋愛感情を持つ女性から、誰を傷つけても構わないという「カオスそのものを体現する存在」へと変貌を遂げてしまったのでした。

ルイーザ・コリンズ

一八八九年、通称「ボタニー湾のボルジア」と呼ばれたルイーザ・コリンズが、絞首刑執行人「ノージー・ボブ」と共に絞首台に立ちました。「ノージー」という愛称は、彼が何にでも鼻を突っ込む性格だったからではなく、馬に顔を蹴られて鼻を失ったことに由来していました。死刑になったこの女性ルイーザは、最初の夫とは別の男性と恋に落ち、その後最初の夫とその恋人を毒殺したとされています。一〇人の子どもをもうけ、わずか六か月の間に四度も裁判にかけられ、ニューサウスウェールズ州で絞首刑にされた最後の女性となりました。彼女の周りで起こった疑惑の犯罪、ジェンダー問題、そして死刑は当時の特に大きな議論の的となりました。

しかし、その厳しい運命に至る前に、ルイーザは若くして妻であり、母でもありました。一八四七年八月生まれの彼女の父は囚人でしたが、当時のオーストラリア(ニューサウスウェールズと呼ばれていました)では珍しくありませんでした。この地はイギリスの刑務植民地として使われていたのです。ルイーザは一四歳で家事労働者として働き始め、一六歳になると生来の魅力と陽気な性格で町の評判に

なりました。

ルイーザの母親は、ルイーザのために、精肉店で働く寡夫のチャールズ・アンドリュースとの見合い話をまとめました。結婚式の日、一八六五年、ルイーザは一八歳で、新郎のチャールズは三二歳でした。ルイーザは若く活力に満ちており、チャールズは比較的落ち着いた性格でした。チャールズの最初の妻は亡くなっており、彼の父親は悲しいことに自殺していました。キャロライン・オヴェリントンは、ルイーザに関する詳細な研究をもとにした著書、*Last Woman Hanged: The Terrible, True Story of Louisa Collins*（最後に絞首刑になった女性――ルイーザ・コリンズの恐るべき実話）で、「後にルイーザは隣人に対し、チャールズは退屈な男だと常に不満を言うようになった。ルイーザは踊るのが好きで、チャールズは好きではなかった。ルイーザは酒を飲むのが好きで、酔っ払うことを夫から叱責されることが多かった」と説明しています。

夫婦にはすぐに子どもができ、その後の二〇年間、ルイーザはほとんどの時期妊娠している状態でした。彼女はチャールズとの間に九人の子どもをもうけましたが、そのうち七人が成人するまで生き残りました。そのうち六人は男の子で、一人はメイという名の小さな女の子でした。家族が増えるにつれて生計を立てるのに苦労することも多くなり、チャールズが仕事を探すために家族で何度も引っ越しをしました。ボタニーベイでは、追加の収入を得る手段として家に寄宿者を受け入れ始め、ルイーザは男性の寄宿者から注目されることに喜びを感じていました。

あるハンサムな若い寄宿者が特にルイーザの目に留まりました。その男性の名前はマイケル・コリンズといい、大家であるルイーザの愛に応えました。彼は二〇代半ばでルイーザは一〇歳以上年上でしたが、二人は情事に耽りそのことが近所の噂になっていました。イブニングニュース紙によると、「彼らは湾に降りて茂みの中で抱き合っていた」とされています。酒を飲むこと、踊ること、情事が大好きなルイーザにとっては、ワクワクする出来事だったに違いありません。ルイーザは浮気相手に夢中になっていましたが、関係は行き詰まっていました。彼女には退屈な夫がいて、七人のお腹を空かせた子どもたちがいました。そして非難の目で見る隣人たちがいて、銀行口座は空っぽだったからです。彼女が欲しいものをすべて手に入れる方法はあったのでしょうか。

チャールズは妻の不倫関係に気づくと激怒し、マイケルを家から追い出して妻の不倫を終わらせようとしました。しかしルイーザは夫の行動に憤慨しました。しかも愛人と別れるつもりはまったくありませんでした。

その後、都合のいいことにチャールズは病に倒れ、激しい胃の痛み、嘔吐、下痢を訴えました。医師が呼ばれると薬が処方され、すぐ回復するだろうと診断されました。しかし、ルイーザはそうはならないことを知っており、夫の遺言を書き換えてすべてが自分に残されるようにしていました。チャールズはまた、自分の名前で多額の生命保険に加入していたので、夫の死は妻にとって約二〇〇ポンドの価値がありました。結婚生活二七年目の一八八七年二月一日にチャールズは亡くなりました。ルイーザは配偶者を失い悲しみに暮れた妻が普通は取らないような行動を取りました。あろうことか彼女は子どもたちを家に置き去りにして、亡くなった夫の保険金と貯金を受け取るために町に向かったのです。夫の死因は急性胃炎とされ、当時は誰も疑念を抱きませんでした。

ルイーザの裁判では、夫の死後の、彼女の奇妙な振る舞いに注目が集まりました。ルイーザはヴィクトリア時代の一般的な黒い喪服を着ることを拒否し、さらには近くの空き家で大きなパーティーを開いて夫の死を祝ったうえ、生命保険金で金銭的な余裕ができたせいで若い恋人に新しい服やゴールドの腕時計を買い与えていたのです。恋人はギャンブル好きで、恋人の借金もルイーザが支払っていました。二か月もしないうちにマイケル・コリンズは寄宿者ではなくルイーザの夫としてその家に戻ってきて、二人はその年の四月に結婚。「時はすべての傷を癒す」ということわざがありますが、ルイーザの場合、あまりにすばやい立ち直りでした。

ルイーザは、マイケルとの結婚生活の間に彼の子を妊娠していた可能性があります。彼女にとっては一〇人目の子どもでした。しかし、残念なことにその赤ちゃんは生き延びることができず、マイケルは赤ん坊の死に打ちひしがれることに。二人の関係に亀裂が入り始めたのは、お金が底をつき始めた時でした。マイケルはまたギャンブルに手を出し、ルイーザは飲酒に走りました。結局、マイケルはルイーザの元夫、チャールズがしていたのと同じ仕事、羊毛商人のために皮革の運搬をする仕事を見つけました。結婚して数か月後、この仕事をしている間に、不思議なことにマイケルはチャールズと似た胃腸の症状に苦しみ始めます。そして腹痛がひどくなるにつれ体は衰弱し、ついにマイケルは寝たきりの状態になってしまいました。

ルイーザは突然病に倒れた夫のことを、最初の夫の時よりもずっと心配していました。夫の病状が悪化すると、医者に診てもらうよう何度も強く勧めました。ルイーザは医者から処方された薬をすべて夫に与え、小さなガラスコップで牛乳を飲ませ続けました。マイケルを診た医師は、チャールズを診た医師よりも疑い深く、マイケルの尿と吐瀉物のサンプルを採取してヒ素の検査を行い、この珍しい症例について医師仲間と話し合います。偶然にも、その仲間とはルイーザの前夫を診たことのある医師でした。二人の医師は、症状と状況の不気味な類似性に気づき、どちらの男性もルイーザという女性を妻に持っていたことから、つながりを見出しました。医師たちは警察に連絡し、ボタニー湾で連続殺人事件が起きている可能性を伝えました。すぐに警察官がやって来て、処方された粉薬や小さなガラスコップなどの証拠品が自宅から押収していきました。これにはルイーザも苦悩しました。

マイケル・コリンズは一八八八年七月八日に亡くなりました。医師は死亡証明書の発行を拒否し、代わりに遺体を検視に回しました。検視の結果、マイケルの胃からは〇・五グレーンか〇・七五グレーン（およそ三二・五ミリグラム－五〇ミリグラム）のヒ素が検出されました。また、マイケルに牛乳を飲ませたガラスのコップも検査され、〇・一グレーン（およそ六・五ミリグラム）のヒ素が含まれていることが判明しました。ルイーザは七月一二日に殺人罪で逮捕されましたが、夫の死について独自の論を

展開しました。それは、マイケルが赤ん坊の死以来うつ病に苦しんでおり、自ら毒を服用した可能性があるというものでした。ルイーザは自分には夫を毒殺する動機がなかったと主張し、「夫は生命保険にも加入していなかった。私を一文無しの借金だらけにして去っていったのよ」と強調しました。

検視官の陪審団はルイーザの話を信じず、殺人罪での有罪が確定し、事件は裁判に持ち込まれることとなりました。

同時期にチャールズ・アンドリュースの遺体も掘り返され、遺体からは「極微量のヒ素」が検出されました（実際に非常に微量で、わずか五〇〇分の一グレーン、約〇・一三ミリグラムでした。ヴィクトリア時代にはすべてがヒ素で汚染されていたため、そのくらいの微量のヒ素は、当時どこにでも蔓延していた可能性があります）。ルイーザは二つの殺人罪で告発され、彼女の数多くの裁判のうちの、最初の裁判が始まりました。

ルイーザ・コリンズは一度や二度ではなく、連続して四回も殺人罪で裁判にかけられました。最初の三回の裁判では検察が求めていた罪の評決が出なかったため、裁判が続けられました。この事態にはいくつかの点において問題がありました。最初の三回の裁判で陪審員が評決を下せなかったのは、ルイーザに不利な証拠が状況証拠のみに基づくものであった（多くの毒殺事件ではそうなります）ものの、どちらの夫の死に対しても合理的な疑いがあったためです。しかし、疑いだけでは人を有罪にすることはできません。ルイーザは四つの裁判すべてで同じ弁護人、H・H・ラスク氏に弁護を依頼しましたが、彼は善意で依頼人のために無償で働いていたとはいえ、極めて有能な弁護士というわけではありませんでした。一回目、二回目、四回目の裁判はマイケル・コリンズの死に関するもので、三回目の裁判はチャールズ・アンドリュースの死に関するものでした。このような展開で裁判を行ったのは、法廷関係者が裁判の進行に十分な警戒態勢を保つ必要があると考えられたためです。

痛ましいことに、ルイーザの実の子どもたちが裁判でルイーザに不利な証言をしました。わずか一〇歳の娘メイは、両方の男性の死の直前に家で鼠取り用の毒を見たという決定的な証言をしました。メイは、ヒ素をベースにした人気の製品「ラフ・オン・ラッツ」のパッケージについて詳細に説明しました（そこには「ラフ・オン・ラッツ――猫の仕事がなくなるイチバンの理由！」というキャッチコピーが載っていました）。両医師は、チャールズとマイケルが示した症状がヒ素中毒と一致していると証言しましたが、ルイーザが毒を購入した証拠はなく、毒を与える姿を目撃した証人もいませんでした。ルイーザは最初の夫を排除する動機がありました。生命保険金を受け取り、愛人と一緒になる道を切り開くためです。しかし、マイケル・コリンズの死にはそのような動機はありませんでした。それにもかかわらず、捜査官が調べたとき、より多くのヒ素が検出されたのはマイケル・コリンズの遺体でした。これは有罪判決を下すには不利な状況であり、そのために最初の三つの裁判の三六人の陪審員(すべて男性)は評決に達することができなかったのです。

最初に目標を達成できなかった場合、人は最後にもう一度挑戦するでしょう。ルイーザは、四度目であり最後の裁判で、ついに二番目の夫マイケル・コリンズを毒殺した罪で有罪を言い渡されました。ダーリー首席裁判官はルイーザに死刑を宣告し、次のように述べました。「あなたが犯した殺人は非常に残忍なものです。あなたは最も愛し守るべき人に日々、毒を与え続け、彼がじわじわと長く続く拷問に苦しみ、痛ましい死を迎える様子を冷たく見つめていました。被害者の苦痛に対する思いやりのかけらもなく、偽りの愛情で信頼を得ていたのです」。この罪でルイーザの絞首刑が確定しました。

ルイーザを死刑に処すべきかどうかは、当時最も議論され、物議を醸していた問題でした。彼女が有罪であることにはほとんどの人が同意していましたが、絞首刑に処されるべきだという考えにすべての人が同意していたわけではありません。メルボルンとシドニーでは、ルイーザ・コリンズを死刑から救うための請願書が回覧され、数百人の署名が集まりました。また、彼女の救済を求めて知事宛てに手紙も送られました。ルイーザがその罪を実際に犯したかどうかは永遠にわからないでしょうが、当時の議論の中心は、それが事実かどうかではありませんでした。彼女はむしろ、権利の拡大と自立を求めて闘い始めた当時の女性たちの象徴となっていたのです。女性の平等を求めるなら、ルイーザも殺人の罪で男性が受けるのと同じ罰を受けるべきだと主張する人は数多くいました。しかし、ルイーザは男性と同等の権利や特権を持っていませんでした。投票する権利も、公職に就く権利も、陪審員になる権利もなく、彼女や他の女性が関与していない法律のもとで生きていました。カロライン・オーヴァリントンは次のように指摘しています。

「やがて、ルイーザを支持していた女性たちの多くが、女性の権利全般を求めるために立ち上がり始めました。投票権や、男性と同じ給与が支払われる職業に就く権利などがその例です」。

ルイーザにとって不幸なことに、民衆の想像力に訴えても自分の命が救われることにはなりませんでした。恩赦が施されることもなく、ルイーザは犯した罪に対して最も重い罰を受けることとなりました。処刑はノージー・ボブの手によって行われました。残酷なことに、絞首刑の瞬間に首が縄で擦り切れてほぼ切断されそうになりました。結果的に、彼女はニューサウスウェールズで最後に絞首刑にされた女性となりました。そのわずか五年後、南オーストラリアの女性たちは世界で初めて投票権を獲得しました。女性たちが自らの権利を求めてロビー活動を行った際の情熱の一部は、毒殺犯として告発されたルイーザ・コリンズの事件と、その有罪判決の影響を受けていたのです。

ジェーン・トッパン

看護学校時代のジェーン・トッパンは、その明るい性格から「陽気なジェーン」として知られていました。彼女はその職業柄、モルヒネやアトロピンなどの薬物を入手することができ、これらを使って自分が世話をした人たちのうち、何人かを毒殺しました。後に彼女は三一件の殺人を自白し、一九〇二年に精神異常を理由に無罪と判断されました。

時に愛は、人ではなく、物に対して感じるものです。ジェーン・トッパンは毒に愛を感じていました。毒が自分にどのような感覚をもたらし、毒を使ってどれほどのことができ、どれほどのものから逃れられるかと思い、深い愛着を感じていたのです。看護師のジェーン・トッパンは、その明るく親しみやすい性格から、周囲の人たちによく「陽気なジェーン」と呼ばれ、患者たちにも人気がありました。しかし、ジェーンが何に楽しみを見出していたかを知れば、その魅力は薄れるでしょう。彼女は医療従事者としての立場と、友人として得た信頼を利用し、多くの人々を毒殺しました。彼らが死ぬ

JANE TOPPAN

Atropine

MORPHINE

WHILE IN NURSING SCHOOL, CHEERFUL JANE TOPPAN WAS KNOWN AS "JOLLY JANE." HER CAREER GAVE HER ACCESS TO MEDICATIONS, SUCH AS MORPHINE AND ATROPINE, WHICH SHE USED TO POISON SOME OF THOSE IN HER CARE. SHE LATER CONFESSED TO THIRTY-ONE MURDERS, AND WAS FOUND "NOT GUILTY BY REASON OF INSANITY" IN 1902.

様子をただ楽しんでいたからです。ジェーン・トッパンの殺人の動機は多岐にわたっており、一つの理由に絞ることはできませんでした。彼女は特に深い動機もなく、あるいは一般的に殺人の動機とは言えないような理由で殺人に手を染めることもあったのです。

ジェーンは一八五〇年代、ボストン、マサチューセッツ州のアイルランド移民家族に「ホノラ・ケリー」として生まれました。彼女が赤ん坊のときに母親が亡くなり、ホノラと三人の姉妹は気分の浮き沈みの激しい父親に育てられました。父親のピーター・ケリーは「ケリー・ザ・クラック」(「変わり者のケリー」の意)として知られ、酔っぱらいで情緒不安定だと噂されていました。仕立て屋だったピーターについての最も奇妙な噂は、自分のまぶたを縫い合わせたというものでした。一八六四年頃、彼はホノラを含む自分の娘たち二人をボストンの児童養護施設に引き渡しましたが、そこは安い児童労働力の供給源として知られていました。児童養護施設の女児たちの中には養子として迎えられる子がいたものの、ほとんどは引き取り先の家族のもとで使用人として働くために送られました。

児童養護施設で二年過ごした後、ホノラはアン・トッパン夫人の家で奉公することになり、マサチューセッツ州ローウェルの家で暮らすようになりました。トッパン家がホノラに安全な住居を提供したので、ある意味では彼女は幸運だったのですが、実質的には、裕福な家庭で無給で働く子どものメイドに過ぎませんでした。トッパン家の人々はホノラを正式な養女にはしませんでしたが、ホノラはそれでもジェーン・トッパンという名を名乗りました。子どもの頃から、ホノラは陽気で社交的な性格でした。しかし、小さなジェーンはまた、嘘をつく傾向があり、自分の出自を実際よりも華やかに見せるような大げさな作り話をしていました。ホノラは自分がアイルランドの出身であることを恥じており、家族に精神病の者がいたという過去を隠していました。また、トッパン家の実の娘であるエリザベスに対して、大人たちがジェーンが切望しても得られない愛情を惜しみなく注ぐ様子に、苦々しい恨みを募らせていました。ジェーンは貧しく無視された存在であるという意味ではまるでシンデレラのようでしたが、決して舞踏会に行ったり王子に会ったりすることはなく、ただ連続殺人犯になっただけでした。

二人の若い女性は一緒に育ちましたが、一人は愛される家族の一員として、もう一人は常に外部の人間であると感じさせられながら育ちました。エリザベスはオラメル・ブリガムと結婚し、アン・トッパン夫人が亡くなった後、家の女主人となりました。ジェーンの奉公期間は一八歳で公式に終了しましたが、彼女はその後も一〇年間トッパン家に留まり、大半の時間を使用人として過ごしました。彼女の生涯と犯罪について記された著書 *Fatal: The Poisonous Life of a Female Serial Killer*（宿命——女性連続殺人犯の毒に満ちた生涯）で、著者ハロルド・シェクターはジェーンの歩む暗い道を次のように暗示しています。「そして一八八七年、人に危害を与えたいとずっと願っていた典型的なサイコパス気質のジェーン・トッパンは、看護師になることを決意したのだった」。この決断は、ジェーンが後に犯す恐ろしい犯罪への道を完全に開くことになるのです。

ケンブリッジ病院の看護学校に応募したとき、ジェーンは研修中に危険な物質と接触があることを知っていたのでしょうか、それともそのことはたまたま都合よく知っただけだったのでしょうか。

病院の研修は厳しく、ジェーンは課題にうまく適応しているように見えましたが、同僚の研修生たちはジェーンの嘘をつく癖に気づいていました。また、病院のスタッフも、ジェーンが通った後には部屋から物がなくなることに気がついていました。

ここで医学を学び、「人に危害を加えない」と宣誓したジェーンは、最も魅了された二つの薬物、モルヒネとアトロピンに初めて出会います。モルヒネは鎮痛剤として使用されるアヘン由来の麻薬であり、アトロピンは死に至るナスツユスドクという植物に自然に存在するアルカロイドで、疼痛などさまざまな症状の治療に使用されます。ジェーンにとって、これらの二つの薬物を組み合わせることが秘密の武器でした。これらを併用すると、経験豊富な医療専門家でも診断できないさまざまな謎めいた症状を引き起こしたのです。この二つの薬物が引き起こす症状はしばしば相反するものでした。例えば、モルヒネは瞳孔を収縮させますが、アトロピンは瞳孔を拡張させる作用があるため、犠牲者の瞳孔は正常に見えますが、実際にはまったく正常ではないという具合でした。

ジェーンは、最近の犯罪者である看護師クリステン・ギルバートや医師ハロルド・シップマンと同様に、「死の天使」または「慈悲の天使」というカテゴリーに分類されます。デボラ・シュアマン・コーフリンは、著書 *The New Predator—Women Who Kill: Profiles of Female Serial Killers*（新たなる捕食者—殺人を犯す女たち──女性連続殺人犯のプロフィール）の中で、こうしたタイプの犯罪者が医療提供者や介護者としての役割を悪用して殺す対象について詳しく説明しています。その中でデボラは、「彼らは高齢者、体の弱い者、または自分で自分を守ることが難しい若者の世話を担当する場合に、『死の天使』として見られるような行動を取ることがあった」と説明しています。

ジェーンは有能な看護師であり、患者を全員殺したわけではありませんでした。自分が殺したい患者だけを殺したのです。軽率にも彼女は何度か、年寄りを生かしておく意味はないと発言しているのを聞かれてしまっていました。しかし、患者の毒殺へと向かわせる強い動機にはまた別のものがあり、それは「慈悲の天使」としての、そして女性連続殺人犯としての型を完全に打ち破るものでした。ジェーン・トッパンはなんと、被害者たちが死んでいく姿を冷酷に見つめ、最期にもがき苦しむ姿を見ることで性的な興奮を覚えていたのです。この性的興奮を求めるという動機によって、ジェーンは他の大部分の女性連続殺人犯と一線を画しています。サイコロジー・トゥデイの記事によれば、女性連続殺人犯が性的またはサディスティックな動機で行動することは稀であり、こうした行動は通常は男性の犯罪者に多く見られるとされています。

先述の著者ハロルド・シェクターは、トッパン看護師によって毒を盛られながらも生き延びた一人の女性の話を伝えています。その女性アメリア・フィニーは、自分の身に起こったことの奇妙な記憶に悩まされました。彼女は腹部手術後、病院に入院していましたが、看護師から苦い薬を与えられ、それを飲んだ後に手足がしびれ、直後に意識を失ったことを覚えていました。密室に閉じ込められた無防備な状態で、誰かが病院のベッドに入ってくる奇妙な感覚があったといいます。トッパンはこの状況を利用して彼女を慰めるふりをし、顔を手で覆いながらキスをし、興奮を覚えていたのです。誰かが近づいてくる音がしたのでトッパンは急いでその場を立ち去り、アメリアは後に回復しました。アメリアはそれは奇妙な夢だったに違いないと考え、長年にわたりその記憶を自分の胸の中だけに留めていたということです。

一八八八年、ジェーンはマサチューセッツ総合病院に転籍しました。看護学校での勉強を終えた後、彼女は解雇されましたが、免許は授与されなかったため、偽造することにしました。ジェーン自身の自白によると、看護学校在籍中に約一二人の患者を殺害したとされています。しかし、彼女が免許を得られなかったのは、この殺人行為が原因ではなく、病院側が把握していた小さな違反行為によるものでした。それでも、ジェーンにとっては問題ではありませんでした。何にせよ、「陽気なジェーン」として知られる彼女は、独立した看護師としての道を追求することに決めたのです。

ジェーンはすぐに、その地域で最も優秀で人気のある看護師の一人として認められるようになりました。彼女の温かくおしゃべりな性格が患者たちに好かれ、顧客たちは彼女の嘘や些細な窃盗を見逃していました。それほどまでに彼らはジェーンを気に入っていたのです。

一方で、病院の監視や同僚の干渉がなくなり、ジェーンは今やさらに容易に殺人を行う自由を手に

入れました。一八九五年には、年老いた家主を毒殺し、二年後にはその妻にも手をかけました。彼らを排除した後、ジェーンは看護を依頼されていた別の未亡人、メアリー・マクニアも毒殺しました。ジェーンは被害者らに対して何の悔恨も感じることはなく、殺人を考え直すこともありませんでした。彼らが最期に息を引き取るころには、すでに別のターゲットに毒殺の狙いを定めていました。

ジェーンは、トッパン家の娘、エリザベスと年月を経ても親しい関係を保っており、二人は一緒にケープコッドへの夏の旅行を計画しました。ジェーンはエリザベスが自分の持っていないもの——お金、結婚、自分の家、家族の愛——をすべて持っているのを見て、憎しみを募らせました。一八九九年八月下旬、ジェーンはついに絶好のチャンスを得ました。ジェーンはお気に入りの方法、グラスに鉱水を入れて毒を溶かして飲ませるという方法を使いました。エリザベスが著しく体調を崩すと、ジェーンは死の床に潜り込んでエリザベスがもがき苦しむ様子を見て楽しむという機会を逃しませんでした。後に犯罪を自白した際、ジェーンはエリザベスを殺したのは「復讐するためだった」と述べ、さらにエリザベスは「実際に憎んで執念で毒殺した最初の犠牲者」だったとも語ったということです。ジェーンは自白を結ぶ際に「エリザベスを抱きしめ、喜びを噛みしめながら息を引き取る瞬間を見ていた」と供述しました。

新しい家主と一緒に住むようになると、ジェーンは予期しない訪問を受け、これが想像を絶するほど残虐な殺人の夏の始まりとなりました。メアリー「マティ」デイビスが、ジェーンが過去五年間、毎年夏にカタウメットにある彼らの家族のコテージに滞在した時に作った五〇〇ドルの借金を回収しに来たのです。デイビス家族はジェーンのことを好ましく思っていたので彼女にお金を貸していましたが、彼らも限界に達し、借金を清算したいと思っていました。ジェーンもデイビス家の人たちのことがとても好きだったので、次に「あること」をしなければならないのが非常に残念でした。

ジェーンが銀行へお金を取りに行く途中で、デイビス夫人は気分が悪くなり、横にならずにはいられなくなりました。ジェーンはデイビス夫人に、事前にモルヒネを混入しておいた特製の鉱水を飲ませました。

薬を盛られたため、デイビス夫人は完全にジェーンの思うままになりましたが、残念なことに、この看護師に慈悲の心はありませんでした。ジェーンは一週間にわたって彼女に毒を盛って苦しめ続け、結局デイビス夫人は亡くなりました。六〇歳のデイビス夫人は一九〇一年七月初旬に埋葬されましたが、ジェーンの計画はまだ始まったばかりでした。彼女はデイビス家全員を毒殺することを決意していたのです。

ジェーンが一家全員を殺害しようとした無謀な行動が、結果的に自身の逮捕と破滅につながりました。デイビス家は母親のマティ、父親のアルデン、そして成人して既婚の二人の娘、ジェニヴィーヴ・ゴードンとミニー・ギブスの四人家族でした。一家は、父親が経営するホテルが成功しているため町ではよく知られていました。母マティの突然の死により深い悲しみに暮れた彼らは、ジェーンが世話を申し出た際、その親切に感謝していました。

次に亡くなったのは三一歳のジェニヴィーヴでした。それからわずか二週間後、信じられないことにジェーンは今度はアルデンに毒を盛ったのです。その死因は脳出血とされました。続いて、ジェーンが後に「最高の友人だった」と述べた三九歳のミニーが亡くなりました。ミニーは家族を失った悲しみに打ちひしがれていましたが、他の面では健康でした。特に衝撃的だったのは、ミニーが毒で息を引き取るまでの間、ジェーンがミニーの幼い息子を抱きしめていたことです。ひと夏でデイビス家は全員が亡くなり、埋葬されました。ジェーンは後にデイビス家の葬儀の一つについて、「葬儀に行って、非常に楽しかった」と話しており、しかも「誰も私を疑っていなかった」などと語っていました。

しかし、家族全員が突然亡くなったことには実際に疑いを持つ人もいました。その中にはミニーの義父であるギブス船長もおり、彼は最近訪れたときにミニーが元気であることを確認していました。

ジェーンの行動は次第に制御がきかなくなり、計画性や注意深さを欠くようになりました。彼女の次なる一手は、寡夫となった義兄オラメル・ブリガムを訪れることでした。しかしそれは世にも下手な、歓迎されない誘惑として失敗に終わりました。ジェーンは、禿げた六〇歳の教会の執事であるオラメルと結婚したいと決めていました。これはおそらく、長い間羨望の眼差しを向けていたエリザベスからすべてを奪うための最後の試みでした。ジェーンはすでに彼の妻と家政婦を毒殺していましたが、オラメルの家を訪れた際、七七歳の彼の姉、エドナ・バニスターが一緒にいるのを見て驚きました。エドナはジェーンの恋愛関係の進展にとって脅威となる存在ではありませんでしたが、ますますおかしくなっていたジェーンはエドナにもいなくなってもらう必要があると感じました。ピーター・ヴロンスキーの著書*Female Serial Killers: How and Why Women Become Monsters*（女性連続殺人犯――モンスターになる女性たちの方法と理由）によると、ジェーンは「ブリガム氏との結婚はすべて順調に進んでいると思った。私の邪魔をしていた三人の女性を死に追いやったから」と述べていました。

オラメルの周りの人々を全員殺害してもうまくいかないと見るや、ジェーンは次の戦略を試みました。しかし、彼女にできることは他人に危害を与えることだけでした。まず、オラメルに必要とされるよう、彼を病気にするために毒を盛ろうとしました。次に、オラメルが自分の子どもの父親であるという噂（でたらめの話です）を広めると言って脅しました。それがうまくいかないと、今度は自分に毒を盛ってオラメルの同情を引こうとしました。オラメルは彼女を治療するために医者を呼びましたが、その後彼女を家から追い出すという賢明さを備えていました。すべて惨めに失敗したジェーンは、町を出て友人のサラ・ニコルズを訪ねることにしました。

ジェーンがニコルズの家族と過ごしている間、カタウメットでデイビス家の人々の死に関する捜査が始まりました。ミニーとジェニヴィーヴの遺体は掘り起こされ、ハーバード大学の医師エドワード・ウッドが検査を担当しました。当初、ウッド医師は被害女性たちがヒ素で毒殺されたと誤って述べました(これは死体の保存処置を行った人物がヒ素をベースにした処理剤を使用しており、ジェーンは二種類の珍しい毒を使っていたからです)。その後、ウッド医師は被害女性たちの体内からモルヒネとアトロピンを検出し、さらなる遺体の掘り起こしが必要であると判断しました。結局、ジェーンはニコルズ家で逮捕されました。これはニコルズ家にとっても間一髪でした。ジェーンは彼らのことも毒殺しようと考えていたのです。

当初、ジェーンは死亡事件への関与を強く否定していました。一九〇一年一一月一〇日のセントルイス・ポストディスパッチ紙は、「亡くなった方々とは個人的に知り合いで友好的な関係にありました。私は鶏さえ殺すことはありません」とジェーンが語っていたと報じています。四五歳の独身女性看護師で陽気な性格のジェーンが殺人罪に問われる様子に、メディアは大きな関心を示しました。精神科医の調査団と面談した際、ジェーンは一二件の殺人を冷静に自白しました。ジェーンは「道徳的に精神異常」と判断されましたが、現代で言えばサイコパスとされるでしょう。彼女が殺人を犯したかどうかは裁判での議論の対象ではありませんでした。それはすでに明白だったからです。問題はジェーンが自分の行動に対して刑事責任を負えるほど正気かどうかでした。陪審は刑事責任能力がないと判断し、ジェーン・トッパンはトーントン精神病院で余生を過ごすことになりました。

裁判の後、ジェーンは弁護士に、自分が三一件の殺人に責任があると思っていると打ち明けました。多くの情報筋によると、実際の数はもっと多く、全部で百人近くの犠牲者がいると推測されています。当初、ジェーンは精神病院での生活をかなり気に入っていたようでしたが、時間が経つにつれて被害妄想に陥るようになりました。皮肉なことに、病院スタッフが自分を毒殺しようとしているという恐怖に取り憑かれるようになったのです。因果応報とはこのことです。ある話によれば、晩年になるとジェーンは精神病院の看護師を呼び、「モルヒネを持ってきて。私と一緒に病棟に出かけて、患者たちが死ぬのを見て楽しもう」と言ったとされています。

ジェーンは一九三四年までその病院にとどまり、およそ八一歳で亡くなったということです。

ジェーン・トッパンは、他人が苦しむ様子を見て楽しむ無慈悲なサイコパスであった可能性が高いでしょう。彼女は、本書で取り上げたあらゆる種類の動機に従って殺人を試みました。ジェーンは幼少期の困難な状況を逃れ、自分のアイデンティティを再形成したいと願っていました。また、十年にわたる看護師としてのキャリアの間に多くの小さな盗みで金銭的な利益を得ていました。ジェーンは被害者に対して力を行使して悦に入っており、引き取られた家で姉妹同然に育ったエリザベスに復讐するために殺人を犯しました。ジェーンは家族や夫から愛情や慈しみの気持ちを示してもらいたいと望んでいましたが、それどころか歴史上最も多くを殺した非情な女性連続殺人犯の一人として記憶されることになったのです。

愛と執着が正しく扱われれば、芸術や文学の傑作が生まれることがあります。しかし、毒殺者の冷酷な手に委ねられた場合、それは混乱と悲劇をもたらすのみです。ナニー・ドスは

理想の夫を追い求め、その過程で四人の男性の命を奪いました。クリスティアナ・エドマンズは既婚男性への執着で一つの町を破滅に導きました。ルイーザ・コリンズは愛人との関係を維持するため、ジェンダーの役割と死刑の問題についての重大な議論を引き起こしました。また、ジェーン・トッパンの毒への異常な愛情は、彼女を歴史上最も非情な女性連続殺人犯の一人に変貌させました。結婚の誓いでは通常、「病めるときも健やかなるときも死がふたりを分かつまで支え合う」ことを誓い合いますが、毒を盛る者は病をもたらし、自分の都合で死を招き入れるのです。毒は愛の正反対で、純粋な破壊そのものです。

謝辞

この本の制作は、多くの人たちの助けと支えなしには実現できなかったことでしょう。数年前にジュリア・トファーナについての記事を送ってくれて「これをもとに何か書いてみたら」と助言してくれた友人サラ・バーンズには特に感謝しています。サラは精神的にも大きな支えになってくれました。また、私のアイデアを聞いてすぐに、その可能性を信じてくれた編集者ナタリー・バターフィールドに感謝します。本書のデザインを担当してくれたケイラ・フェレイラは、私の描いたイメージを完璧に捉え、鮮やかなイラストにしてくれたアートコラボレーションの達人でした。原稿の校正とファクトチェックを行ってくれたシャロン・ウッドにも感謝の意を表します。執筆中、さまざまなヒントとフィードバックをくれた我が兄(または弟)マーク・ペリンにも特に感謝しています。また、素晴らしいコメントをくれた読者、アリッサ・エクルズとエミリー・バンフォースにも感謝します。マーサ・エリクソンとプリヤンカ・クマールの指導にも感謝の意を表します。メリーランド・インスティチュート・カレッジ・オブ・アートの同僚や学生たちには、その熱意とサポートに深く感謝しています。デッカー図書館、イーノック・プラット図書館、ジョンズ・ホプキンス大学図書館の司書の皆さんにも、私のリサーチをたびたび助けていただきました。感謝いたします。そして、本書で引用させていただいた才能あふれる著者や歴史家の方々には多くのことを学ばせていただきました。感謝を忘れるわけにはいきません。皆さん本当にありがとうございました。

参考文献

第3章――金と欲

ロバータ・エルダー

- “Evidence Barred in Mrs. Elder’s Trial.（エルダー夫人の裁判で証拠隠滅）” *Atlanta Daily World*, September 30, 1953.
- Fowlkes, William A. “Atlanta’s Mrs. Bluebeard: The Strange Case of Roberta Elder!（アトランタの「青ひげ夫人」――ロバータ・エルダーの奇妙な事件!）” 四パートの週刊でのシリーズ、*Pittsburgh Courier*, August 28 to September 18, 1954.
- “Indict Mrs. Elder on Three Murder Charges.（エルダー夫人を三件の殺人罪で起訴）” *Chicago Defender*, March 21, 1953.
- Lynn, Denise. “Roberta Elder: The Case of a Black Woman Serial Killer.（ロバータ・エルダー――黒人女性連続殺人犯の事件）” The African American Intellectual History Society (AAIHS), May 28, 2019. https://www.aaihs.org/roberta-elder-the-case-of-a-black-woman-serial-killer.
- Rhodes, David. “Can Eating More Than Six Bananas at Once Kill You?（1度に六本以上のバナナを食べて死ねるか?）” BBC News, September 12, 2015. https://www.bbc.com/news/magazine-34225517.

アンナ・マリー・ハーン

- Franklin, Diana Britt. *The Good-Bye Door: The Incredible True Story of America’s First Female Serial Killer to Die in the Chair.* Kent, OH: Kent State University Press, 2006.
- Garretson, Joseph. “‘Isn’t There Anybody Who Will Help Me?’ Mrs. Hahn Asked.（『助けてくれる人はいないの?』ハーン夫人が尋ねた）” *Cincinnati Enquirer*, December 8, 1938.
- “Ohio’s Hahn ‘Just an Evil Person.’（オハイオのハーン『邪悪の権化』）” WOSU 89.7, NPR News, September 18, 2006. https://

news.wosu.org/news/2006-09-18/ohios-hahn-just-an-evil-person.

× Telfer, Tori. *Lady Killers: Deadly Women throughout History*. New York: Harper Perennial, 2017.

エイミー・アーチャー=ギリガン

× Ermenc, Christine. "Amy Archer-Gilligan: Entrepreneurism Gone Wrong in Windsor.（エイミー・アーチャー=ギリガン——ウィンザーでくじけた起業家精神）" Windsor Historical Society, July 16, 2018. https://windsorhistoricalsociety.org/amy-archer-gilligan-entrepreneurism-gone-wrong-in-windsor.

× McEnroe, Colin. "'Arsenic' Play Immortalized an Unlikely Femme Fatale（ヒ素をめぐる劇が、非現実的なファム・ファタールを不滅の存在に）." *Hartford (CT) Courant*, January 30, 2000.

× Phelps, M. William. *The Devil's Rooming House: The True Story of America's Deadliest Female Serial Killer*. Guilford, CT: Lyons Press, 2011.

イヤ・ムラノ

× Benson, Ana, and Richard Poche. *Swindlers & Killers: An Anthology of True Crime*. Duluth, MN: Trellis Publishing, 2021.

× Murano, Martín. *Mi Madre, Yiya Murano*. Buenos Aires, Argentina: Planeta, 2016.

× "'Yiya' Murano mató a tres amigas para no pagarles deudas: Hace veinte años condenaban a la 'Envenenadora de Monserrat.'" *Clarín*, June 28, 2005. https://www.clarin.com/ediciones-anteriores/hace-veinte-anos-condenaban-envenenadora-monserrat_0_Hk7GWtd10Yl.html.

第4章——権力と政治

イントロダクション

× Herman, Eleanor. *The Royal Art of Poison: Filthy Palaces, Fatal Cosmetics, Deadly Medicine, and Murder Most Foul*. New York: St. Martin's Press, 2018.

× Hubbard, Ben. *Poison: The History of Potions, Powders and Murderous Practitioners*. London: Welbeck Publishing, 2020.

× Karamanou, Marianna, George Androutsos, A. Wallace Hayes, and Aristides Tsatsakis. "Toxicology in the Borgias Period: The Mystery of Cantarella Poison.（ボルジア時代の毒物学——カンタレラという毒の謎）" *Toxicology Research and Application* 2

(2018). https://doi.org/10.1177/2397847318771126.

ルクレツィア・ボルジア

- Bradford, Sarah. *Lucrezia Borgia: Life, Love, and Death in Renaissance Italy*. London: Penguin, 2005.
- Karamanou, Marianna, George Androutsos, A. Wallace Hayes, and Aristides Tsatsakis. "Toxicology in the Borgias Period: The Mystery of Cantarella Poison.（ボルジア時代の毒物学――カンタレラの謎）" *Toxicology Research and Application* 2 (2018). https://doi.org/ 10.1177/2397847318771126.
- Lee, Alexander. "Were the Borgias Really So Bad?（ボルジア家は本当にそんなに悪者だったのか？）" *History Today*, October 1, 2013. https://www.historytoday.com/history-matters/were-borgias-really-so-bad.
- Retief, F. P., and L. Cilliers. "Poisoning during the Renaissance: The Medicis and the Borgias.（ルネサンス期の毒殺――メディチ家とボルジア家）" *Southern African Journal of Medieval and Renaissance Studies* (2020).

武則天（則天武后）

- Clements, Jonathan. *Wu: The Chinese Empress Who Schemed, Seduced and Murdered Her Way to Become a Living God*. London: Albert Bridge Books, 2014.
- Dash, Mike. "The Demonization of Empress Wu.（武皇后という悪魔）" *Smithsonian Magazine*, August 10, 2012. https://www.smithsonianmag.com/history/the-demonization-of-empress-wu-20743091.
- Lee, Yuen Ting. "Wu Zhao: Ruler of Tang Dynasty China.（武則天――唐時代の中国の統治者）" *Education about Asia* 20, no. 2 (2015): 14–18. https://www.asianstudies.org/publications/eaa/archives/wu-zhao-ruler-of-tang-dynasty-china.
- Woo, X. L. *Empress Wu the Great: Tang Dynasty China*. New York: Algora, 2008.

ラナヴァルナ一世

- Campbell, Gwyn. *An Economic History of Imperial Madagascar, 1750–1895: The Rise and Fall of an Island Empire*. Cambridge: Cambridge University Press, 2005.
- Chernock, Arianne. "Queen Victoria and the 'Bloody Mary of Madagascar.'（ヴィクトリア女王と「マダガスカルのブラッディメアリー」）" *Victorian Studies* 55, no. 3 (2013): 425–49. https://doi.org/10.2979/victorianstudies.55.3.425.
- Ellis, Stephen. "Witch-Hunting in Central Madagascar 1828–1861（中央マダガスカルにおける魔女狩り、一八二八－一八

六一年）." *Past & Present*, no.175 (2002): 90–123. http://www.jstor.org/stable/3600769.

- Laidler, Keith. *Female Caligula: Ranavalona, the Mad Queen of Madagascar.* Chichester, England: Wiley, 2005.
- Robb, George L. "The Ordeal Poisons of Madagascar and Africa.（マダガスカルとアフリカの毒の試練）" *Botanical Museum Leaflets, Harvard University* 17, no. 10 (1957): 265–316. http://www.jstor.org/stable/41762174.

カトリーヌ・ド・メディシス

- Freida, Leonie. *Catherine de Medici: Renaissance Queen of France.* New York: Harper Perennial, 2006.
- Herman, Eleanor. *The Royal Art of Poison: Filthy Palaces, Fatal Cosmetics, Deadly Medicine, and Murder Most Foul.* New York: St. Martin's Press, 2018.
- Sutherland, N. M. "Catherine de Medici: The Legend of the Wicked Italian Queen.（カトリーヌ・ド・メディシス――邪悪なイタリア女王の伝説）" *Sixteenth Century Journal* 9, no. 2 (1978): 45–56. https://doi.org/10.2307/2539662.

第5章――怒りと復讐

イントロダクション

- Watson, Katherine. *Poisoned Lives: English Poisoners and Their Victims.* London: Hambledon Continuum, 2004.

ド・ブランヴィリエ侯爵夫人

- Davis, Jenni. *Poison, a History: An Account of the Deadly Art & Its Most Infamous Practitioners.* New York: Chartwell Books, 2018.
- Duramy, Benedetta Faedi. "Women and Poisons in 17th Century France.（一七世紀フランスの女性と毒）" *Chicago-Kent Law Review* 87, no. 2（二〇一二年四月）.
- Somerset, Anne. *The Affair of the Poisons: Murder, Infanticide, and Satanism at the Court of Louis XIV.* New York: St. Martin's Press, 2004.

ティリー・クリメック

- Davidson, Cara. *Black Widow Tillie Klimek.* Duluth, MN: Trellis Publishing, 2017.
- Farrell, Amanda L., Robert D. Keppel, and Victoria B.

Titterington. "Testing Existing Classifications of Serial Murder Considering Gender: An Exploratory Analysis of Solo Female Serial Murderers.（ジェンダーを考慮した連続殺人の既存の分類を検証：女性単独連続殺人犯の探索的分析）" *Journal of Investigative Psychology and Offender Profiling* 10, no. 3 (2013): 268–88. https://doi.org/10.1002/jip.1392.

× Forbes, Genevieve. "'Guilty' Is Klimek Verdict.（クリメック『有罪』の評決）" *Chicago Daily Tribune*, March 14, 1923.

× "Hostess at Poison Banquet Gets Life for Her Crimes.（毒宴会のホステス、罪で無期懲役）" *Daily News* (New York), July 5, 1925.

フランセス・ハワード・カー

× Emsley, John. *The Elements of Murder: A History of Poison*. Oxford: Oxford University Press, 2005.

× Herman, Eleanor. *The Royal Art of Poison: Filthy Palaces, Fatal Cosmetics, Deadly Medicine, and Murder Most Foul*. New York: St. Martin's Press, 2018.

× Lindley, David. *The Trials of Frances Howard: Fact and Fiction at the Court of King James*. Abingdon, England: Taylor and Francis, 1993.

蠱毒を盛る者

× Asper, Markus編 *Thinking in Cases: Ancient Greek and Imperial Chinese Case Narratives*. Vol. 11′ *Science, Technology, and Medicine in Ancient Cultures*. Boston: De Gruyter, 2020. https://doi.org/10.1515/9783110668957.

× Diamond, Norma. "The Miao and Poison: Interactions on China's Southwest Frontier.（苗族（ミャオ族）と毒——中国南西部国境地帯の相互作用）" *Ethnology* 27, no. 1 (1988): 1–25. https://doi.org/10.2307/3773558.

× Hanson, Marta. *Speaking of Epidemics in Chinese Medicine: Disease and the Geographic Imagination in Late Imperial China*. New York: Routledge, 2011.

第6章——愛と執着

イントロダクション

× Plater, David, and Sue Milne. "'Assuredly There Never Was Murder More Foul and More Unnatural'? Poisoning, Women and Murder in 19th Century Australia.（本当にこれほど卑劣

で不自然な殺人はなかったのか）” *Canterbury Law* Review 25 (2020): 53–94.
× Watson, Katherine. *Poisoned Lives: English Poisoners and Their Victims.* London: Hambledon Continuum, 2004.

ナニー・ドス

× Davis, Jenni. *Poison, a History: An Account of the Deadly Art & Its Most Infamous Practitioners.* New York: Chartwell Books, 2018.
× Green, Ryan. *Black Widow: The True Story of Giggling Granny Nannie Doss.* Self-published, 2019.
× “Poisoner of 4 Husbands, Nannie Doss, Dies at 60.（四人の夫を毒殺した囚人ナニー・ドス、六十歳で死去）” *South Bend (IN) Tribune,* June 3, 1965.
× Ramsland, Katherine M. “The Darkest Ages.（最も暗き時代）”, *The Human Predator: A Historical Chronicle of Serial Murder and Forensic Investigation,* 4–6. New York: Berkley Books, 2007
× Rousek, Robert. “Nannie’s Penchant for Poison May Have Set World Record.（ナニーの毒物好きは世界記録を樹立できる）” *Shreveport (LA) Times,* December 19, 1954.

クリスティアナ・エドマンズ

× Helfield, Randa. “Female Poisoners of the Nineteenth Century: A Study of Gender Bias in the Application of the Law.（一九世紀の女性毒殺犯——法の適用におけるジェンダーバイアスの研究）” *Osgoode Hall Law Journal* 28, no. 1 (1990): 53–101.
× Jones, Kaye. *The Case of the Chocolate Cream Killer: The Poisonous Passion of Christiana Edmunds.* Barnsley, England: Pen & Sword History, 2016.
× Stratmann, Linda. *The Secret Poisoner: A Century of Murder.* New Haven, CT: Yale University Press, 2016.

ルイーザ・コリンズ

× Cushing, Nancy. “Woman as Murderer: The Defence of Louisa Collins.（殺人者としての女性——ルイーザ・コリンズの弁護）” *Journal of Interdisciplinary Gender Studies* 1, no. 2 (1996): 146–57.
× Caroline. *Last Woman Hanged: The Terrible, True Story of Louisa Collins.* Sydney, Australia: HarperCollins Publishers Australia, 2014.
× Sood, Suemedha. “Australia’s Penal Colony Roots.（オーストラリアの流刑地のルーツ）” BBC, January 26, 2012. https://www.

bbc.com/travel/article/20120126-travelwise-australias-penal-colony-roots.

ジェーン・トッパン

- Bonn, Scott A. "'Black Widows' and Other Female Serial Killers. (『ブラックウィドウ』とその他の女性連続殺人犯)" *Psychology Today*, November 23, 2015. https://www.psychologytoday.com/us/blog/wicked-deeds/201511/black-widows-and-other-female-serial-killers.
- "Jane Toppan Will Plead Insanity as a Defense. (ジェーン・トッパンは弁護として狂気を訴える)" *St. Louis Post-Dispatch*, November 10, 1901.
- Schechter, Harold. *Fatal: The Poisonous Life of a Female Serial Killer*. New York: Pocket Star, 2003.
- Schurman-Kauflin, Deborah. *The New Predator—Women Who Kill: Profiles of Female Serial Killers*. New York: Algora Publishing, 2000.
- Vronsky, Peter. *Female Serial Killers: How and Why Women Become Monsters*. New York: Berkley Books, 2007

る

れ

ろ

わ

ふ

へ

ほ

ま

に

ね

の

は

ひ

さ

お

か

き

索引

[著者]
リサ・ペリン◉*Lisa Perrin*

イラストレーター、デザイナー。ニューヨーク州立大学ニューパルツ校でドローイングと絵画のBFA(美術学士号)と英語のBA(学士号)を取得。全米最古のビジュアルアート専門大学メリーランド・インスティチュート・カレッジ・オブ・アートのイラストレーション学部の専任教授。メリーランド州ボルチモア在住。

[訳者]
渡邉ユカリ◉*Yukari Watanabe*

翻訳家。愛知県立大学外国語学部卒業。金城学院大学非常勤講師。主な訳書に、ジョエル・レビー著『A CURIOUS HISTORY 数学大百科』『あなたも心理学者！これだけキーワード50』、ヘンリー・ブライトン著『人工知能グラフィックガイド』(浅野ユカリ名義)、ベン・リンチ著『ダーティー ジーン／Dirty Genes』などがある。

世界を震撼させた女毒殺者たち 下

カトリーヌ・ド・メディシスから武則天まで

二〇二四年三月三一日　初版第一刷発行

著者――リサ・ペリン
訳者――渡邉ユカリ
発行者――成瀬雅人
発行所――株式会社原書房
〒一六〇－〇〇二二
東京都新宿区新宿一－二五－一三
電話・代表〇三－三三五四－〇六八五
http://www.harashobo.co.jp
振替・〇〇一五〇－六－一五一五九四

ブックデザイン――小沼宏之[Gibbon]
印刷――シナノ印刷株式会社
製本――東京美術紙工協業組合

ISBN978-4-562-07402-0
Printed in Japan

The League of Lady Poisoners by Lisa Perrin

First published in English by Chronicle Books LLC, San Francisco, California.